EFFECTIVE
"高效领导力"系列
全球累计销量百万册

[英]约翰·阿代尔
（John Adair）
——著

谢天——译

高效领导大师班

全球传奇管理者
传授成功的秘诀

浙江人民出版社

First published 2010 by Macmillan an imprint of Pan Macmillan,
a division of Macmillan Publishers International Limited

浙江省版权局
著作权合同登记章
图字：11-2020-065

图书在版编目（CIP）数据

高效领导大师班：全球传奇管理者传授成功的秘诀 / （英）约翰·阿代尔著；谢天译. — 杭州：浙江人民出版社，2024.7
　ISBN 978-7-213-11199-0

Ⅰ.①高… Ⅱ.①约… ②谢… Ⅲ.①领导学 Ⅳ.①C933

中国国家版本馆CIP数据核字(2023)第180099号

高效领导大师班　全球传奇管理者传授成功的秘诀
Gaoxiao Lingdao Dashiban: Quanqiu Chuanqi Guanlizhe Chuanshou Chenggong De Mijue

[英]约翰·阿代尔　著　谢　天　译

出版发行：浙江人民出版社（杭州市环城北路177号　邮编 310006）
　　　　市场部电话：(0571)85061682　85176516
责任编辑：方　程
营销编辑：顾　颖　杨　悦
责任校对：杨　帆
责任印务：幸天骄
封面设计：厉　琳
电脑制版：杭州兴邦电子印务有限公司
印　　刷：杭州富春印务有限公司
开　　本：880毫米×1230毫米　1/32　　印　张：6.625
字　　数：118千字　　　　　　　　　　插　页：2
版　　次：2024年7月第1版　　　　　　　印　次：2024年7月第1次印刷
书　　号：ISBN 978-7-213-11199-0
定　　价：58.00元

如发现印装质量问题，影响阅读，请与市场部联系调换。

约翰·阿代尔
John Adair

国际公认的领导学权威

约翰·阿代尔是世界上关于领导力和领导力发展的领军权威之一,被誉为"欧洲的彼得·德鲁克"。

约翰为巴克莱银行、劳埃德TSB银行、英美烟草公司、杜邦公司、英国皇家空军、英国奥林匹克委员会等机构提供管理咨询服务,他是许多企业、政府部门、非政府组织的管理顾问。全球超过100万名经理人参与了他倡导的以行动为主的领导模式(Action-Centred Leadership)项目,他的理念和方法启发和激励了整整一代的管理者。

约翰出版过50多部著作,其中包括畅销书《不是老板而是领导者》(*Not Bosses But Leaders*)、《约翰·阿代尔领导力词典》(*The John Adair Lexicon of Leadership*)、《鼓舞人心的领导》(*The Inspirational Leader*)、《如何培养领导者》(*How to Grow Leaders*)以及EFFECTIVE系列等。

目录

CONTENTS

EFFECTIVE LEADERSHIP MASTERCLASS

前　言 / i

导　读 / iii

01 知识创造领导力 / 1

02 领导能力 / 19

03 领导者中的领导者 / 34

04 领导者的个人魅力 / 42

05 服务型领导者 / 59

06 纳尔逊的领导天赋 / 74

07 作出正确的决策 / 96

08 学会沟通与激励他人 / 126

09 领导风格 / 151

10 未来的领导者 / 190

前言

EFFECTIVE LEADERSHIP MASTERCLASS

PREFACE

> 在观念
> 和事实之间
> 在动作
> 和行动之间
> 落下帷幕。
> ——T. S. 艾略特,《空心人》(1925)

当今世界有太多"空心领导者",他们位高权重,但缺乏真正的领导能力。面对这种人,我们恐怕无能为力。正如一句非洲谚语所说:"树干即使在水中浸泡很多年,但永远也变不成鳄鱼。"

本书是第一本总结关于领导力的全球知识体系的作品。它汇集了西方、东方和部落传统交汇形成的三大集体智慧,可以为培养未来的领导者奠定坚实的基础。

非洲还有一句谚语:"领导者不是天生的,而是后天打造的。"打造领导者需要一个过程。在本书中——在这棵古老的苹果树下——你有机会向各个时代最伟大的领导者学习。让我来告诉你可以从他们身上学到什么。

约翰·阿戴尔

导读

EFFECTIVE LEADERSHIP MASTERCLASS

INTRODUCTION

想象一下，当美术家受邀听达·芬奇讲课，或者音乐家有机会接受莫扎特的指导会是什么感觉。在本书中，与这两位大师同样出色的天才领导者将手把手地教你领导的艺术。行动往往胜于雄辩。当然，你可以自行体会本书中的理论，但到了洞悉一切的时候，你或许年事已高，而且要投入更为高昂的成本！

读完本书后，你应该对以下内容有了清楚的了解：

◎ 顶尖领导者的行动所揭示的基本领导理念；

◎ 如何将这些历久弥新的普适原则应用到你从事的行业；

◎ 你作为领导者应承担的职责，以及你的优势和需要改进之处。

书中还有一些文章是安排在文本框内的。这些是补充内容，如果你时间不充裕，只想快速浏览本书，可以略过它们；以后需要进一步了解某个章节的内容时，则可以回过头仔细阅读。

在阅读本书时，你可以尝试总结案例背后的原则，这些可以帮助你了解某种情况（时间跨度或工作领域）与你所处环境的相关性。当这两点（原则或理论，以及经验或实践）之间产生火花时，你才能学到东西。

不要忘了，学习离不开以下两个方面的互动：

原则 或 理论　　以及　　经验 或 实践

当这两点（理论和实践）之间产生火花时，学习过程才会实现，两者缺一不可。本书引用了多个案例和故事，供你参考：

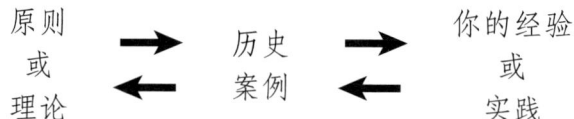

箭头是双向的，说明这个过程反过来也有效。你要以建设性的、批判的态度看待本书提出的观点，将其与你为各种

导 读

风格的领导者工作时学到的内容，以及亲自担任领导者时积累的实际经验结合起来。

随着关于原则、态度、技能和素质的知识越来越丰富，你将对领导力形成独特的理解。这时你会发现，自己可以在任何情况下更轻松地成为高效的领导者。这就是这本书的目的。

最后，我希望你像我享受写作一样享受阅读这本书。或许通过它，你会爱上领导力，并全心全意地投入其中。你会发现，培养领导力就像呵护爱情一样可能很难，但正如有人说的，"没有其他乐趣值得你这样辛苦付出"。你面前的领导之路陡峭、崎岖，在前进的过程中，你需要在路旁寻找灵感，让自己重新焕发活力。希望这本书对你有帮助。

01

知识创造领导力

> 权威来自你所掌握的知识。
>
> ——现代谚语

雅典人色诺芬生活在公元前4世纪，这是古希腊历史的黄金时期。该时期始于斯巴达攻占雅典，终于马其顿控制整个希腊。与现代一样，那是一个动荡的、充满不确定性和变革的时代，也是领导者辈出的时代。

在希腊与斯巴达长期斗争的初期，色诺芬出身于一个骑士阶层的家庭。这类家庭有能力养一匹马，因此其成员会被要求应征入伍，充当骑兵。当时，雅典有资格加入骑兵的约为1200人；相比之下，装甲步兵或重装步兵（重装长矛兵）阶层的士兵约有3万人，而加入舰队或轻型武装部队的人则更多。而色诺芬可能作为骑兵的一员对抗过斯巴达，但他既没有交战的热情，对斯巴达人也毫无敌意。

色诺芬作为苏格拉底的弟子，我们并不清楚他们何时第一次见面,交往了多长时间,但我们都了解苏格拉底给色诺芬带来了深刻的影响。色诺芬关于领导力的本质和实践的早期观点,可以追溯到他与苏格拉底在雅典的市场、街道和房屋以及帕特农神庙里交谈的日子。色诺芬与一群年轻人一道接受了这位当时(甚至是有史以来)最伟大的雅典哲学家的指导。

苏格拉底——思想的领导者

据说,苏格拉底早年曾跟随父亲担任雕刻师或石匠。来自军户家庭的他至少在三场战役中担任重装步兵,以非凡的勇气赢得了声誉。他体格健壮、耐力十足,且毫不贪图享受。他有着强壮的体魄和顽强的精神以及强烈的责任感,同时还表现出了极为温和友善的性情与极大的幽默感。更重要的是,他的才华无人能比。

苏格拉底一生的大部分时间都用于探讨哲学,因此生活清贫。他致力于为自己和其他人制定正确的行为标准,并答疑解惑。他采用的方法具有鲜明的个人特征,我们现在仍将它称为"苏格拉底式"方法。简单地说,苏格拉底假装自己一无所知,从而鼓励他人充分表达观点。他通过一步步询问引出别人的想法,同时温和地指出他们的前后矛盾之处。但

01 知识创造领导力

这种方法没能让所有人都接受他——苏格拉底在追求真理的过程中既不崇拜个人，也不盲从神圣的信仰。他表现出极强的正直，例如，在一场针对几名将军的审判大会上，尽管将军犯了众怒，作为主席的他仍然坚持拒绝将非法议案付诸表决。公元前399年，苏格拉底的反对者指责他亵渎神灵，腐化青年，于是对他进行了审判。虽然他用极有说服力的演讲来为自己正名，但还是被判处死刑，饮下毒酒而死。

苏格拉底没有留下作品。我们对他的了解主要来自柏拉图的《对话》、色诺芬的《回忆苏格拉底》和阿里斯托芬的《云》中的内容。我们无法确定柏拉图和色诺芬有多少观点来自两人共同的老师。

关于领导力这一主题，我们更难判断有多少内容可以追溯到苏格拉底。色诺芬本人既是领导者，又是领导力领域的思想家，他是否将自己的观点归功于苏格拉底？他的作品以对话的形式呈现，其中苏格拉底是讲话者。或者他年轻时曾听到苏格拉底对未来的领导者们提供指导，当时他是否记录下来，多年后写在了多部作品中？我们无法明确回答这些问题，但至少可以知道，色诺芬的一个核心观点确实来自苏格拉底：领导力与具体环境密切相关，并且在很大程度上取决于领导者是否具备充足的知识。我们能确定这一点，是因为柏拉图也探讨过这一主题。

> **船长的寓言**
>
> 水手们围绕着谁掌舵争吵了起来……
>
> 他们不明白,真正的航海家必须认真研究一年四季、天空、星星和风向,并掌握所有相关技能,只有这样才有资格掌舵;他们也不知道,掌握了知识和技能的航海家还需要接受培训并加以练习后才有机会掌舵,即使他们感到不满也无济于事。
>
> ——色诺芬,希腊历史学家

正是色诺芬的亲身经历和思考,才让他的思想在"思想家"苏格拉底的启发下生根发芽。例如,色诺芬的军事思想在下面与苏格拉底的两次对话中能明显体现出来。

案例:雄心勃勃的将军

苏格拉底身边一位年轻的雅典人宣布自己要参加本市军队十名将军的年度选举。正巧有一位叫狄奥尼索多斯(Dionysodorus)的人刚刚来到雅典、正在巡回宣传"指挥作战"的课程,苏格拉底鼓励年轻人去听他讲课。年轻人回来后,苏格拉底和朋友们和他开起了善意的玩笑。

4

01 知识创造领导力

"先生们，你们有没有发现，"苏格拉底说，"我们的朋友学习了如何成为将军之后，像荷马形容阿伽门农那样，更加'威严'了？正如学会弹奏竖琴的人即使不弹奏也被称为竖琴演奏家，学习医学的人即使不执业也是医生，所以哪怕没有一个人投票给我们的朋友，他也将永远是将军。但是即使所有人都为无知者投票，他既不会成为将军也不会成为医生。现在，"他转向年轻的雅典人继续说道，"为了使我们中任何一个可能在你的麾下作战的人对战争有更清楚的了解，请告诉我们，你在关于领导力的第一堂课上学到了什么。"

"第一堂课跟最后一堂课差不多，"年轻人回答，"他教了我一些战术，仅此而已。"

"但这仅仅是指挥作战的一小部分。"苏格拉底回答道。接下来，他通过一系列提问，引导这位年轻人对成功的军事领导所需的知识和能力有个更全面的了解。将军必须精于管理，为军队争取足够的军事设施和物资。此外，色诺芬根据自己的经验了解到，将军还应具备多种个人素质和技能：

> 他必须足智多谋、积极活跃、处事谨慎、吃苦耐劳，而且思维灵活；他必须既温柔又残酷，既直截了当又精于设计，既谨慎又能出其不意，富足且贪婪，慷慨且吝啬，擅长防守和进攻。作为将军，他还要具备多种

其他素质，有些是天生的，还有一些是后天培养的。

在最重要的战术问题上，苏格拉底发现狄奥尼索多斯给这位年轻朋友的指导并不充分。他问道：狄奥尼索多斯是不是没有告诉你在何时以及如何使用每种阵型？没有告诉你面对不同的战争形势，应该如何修改部署和战术？年轻人给出了肯定的回答。"那你就要回去找他退钱了，"苏格拉底说，"如果狄奥尼索多斯知道这些问题的答案，而且有良心的话，他会因为让你一无所获而感到羞愧。"

■ 案例：年轻的骑兵指挥官

有一天，苏格拉底见到了一位新当选的骑兵指挥官——也许正是色诺芬本人。苏格拉底首先问他为什么要申请这个职位。年轻人表示，并不是因为他想带头冲锋，因为骑兵、弓箭手在战斗中会冲在指挥官前面；也不是为了让所有人都认识自己，只有疯子才会这么做。经过苏格拉底的提醒，让他意识到自己之所以想当选指挥官，是为了让雅典骑兵更加出色。现在我们知道，色诺芬是知名的马术专家，还写了一本关于训练和指挥骑兵作战的教科书，他在书中指出了成为骑兵指挥官需要采取的措施。如他提出必须提高骑兵坐骑的质量，还要为新招募的马匹和士兵培训马术技巧，并教骑兵一些作战方法。

"你有没有考虑过如何让别人服从你的命令？"苏格拉底问道，"如果没有这些马和人的配合，无论你多么骁勇善战都没有用。

"我想你应该知道，在任何情况下，人们只愿意服从在他们看来最优秀的人。因此，生病时，他们最听医生的话；在船上，他们听船长的话；在农场中，他们听农民的话。这些人在他们看来是业务水平最高的。"

"是的，当然。"学生说。

"那么在马术领域，最擅长马术的人最有可能得到他人的服从。"色诺芬在这里提到了苏格拉底关于领导力教学中一个非常独特的主题。与苏格拉底的其他学说相一致（因为尽管苏格拉底会表现得无知，但他有自己的想法），它强调了知识对于领导力的重要性。人们只甘心服从那些他们认为在特定环境中比自己更有才华或学识的人。

知识——领导力的关键

苏格拉底明确指出，专业或技术能力应该是承担领导职责的前提条件。"你一定已经注意到了，"苏格拉底对另一个人说,"如果一个人自己能力不足,他就无法对竖琴家、唱诗班歌手和舞者,甚至摔跤手行使权威。每一个有资格管理他们的人都掌握了相关领域的技能。"

在危急时刻,人们更加倾向于跟随思维清晰的领导者。在希腊维奥蒂亚城(Boeotia)的一支军队逼近雅典时,苏格拉底与著名政治家之子伯里克利(Pericles)进行了讨论。其间他提出,与安定和繁荣的时期相比,这种危机更合高效领导者的口味,因为他们更容易取得成就。他以水手的行为作比较来阐释这一点:

> 自信会滋生粗心、懈怠和叛逆;恐惧可以让人更专注和顺从,且更遵守纪律。水手的行为就是很好的证明。我认为,一旦他们无所畏惧,就不会服从管教;但面对暴风雨或敌方攻击时,他们不仅会执行所有命令,而且会安静地等待指令。

时势造英雄

显然,色诺芬没有接受苏格拉底的建议,加入了波斯王子小居鲁士(Cyrus the Younger)组建的希腊军队,帮助王子从他哥哥阿尔塔薛西斯二世(Artaxerxes II)手上夺取王位。公元前401年,他们在距离古巴比伦不远的

01 知识创造领导力

> 库那克萨（Cunaxa）发生了一场决定性的战役，当时有10400名希腊重装步兵英勇地参加了战斗。最终，小居鲁士不仅输掉了战争，还失去了生命。
>
> 库那克萨战役结束后，波斯人表示，如果"万国"（希腊人后来的称呼）留在原地，他们愿意接受投降；但如果对方离开军营，他们将发动进攻。希腊的六名将军中有一人是斯巴达人，名叫克利尔库斯（Clearchus），他亲自担任发言人与波斯使节谈判，但没有把自己的想法透露给任何人。日落以后，他将军官们召集起来开会，简要他介绍了这两种选择，并告诉他们需要做什么。最终他们决定转移到北边800英里（约1287千米）外的黑海沿岸的安全地带，当天晚上就要启程。色诺芬在《远征波斯》一书中提到，每个人都认为，只有克利尔库斯才能带领他们逃脱致命的危险。
>
> 将军和上尉在接到指令后立刻执行起来；从那时起，克利尔库斯负责指挥，其他人都成了他的下属。这不是选举的结果，而是因为他们意识到这个人有指挥官的头脑，而其他人则缺乏经验。

人类社会主要有三种权威：地位或级别的权威、人格的权威和知识的权威。苏格拉底明确强调了最后一种。知道该

高效领导大师班 *EFFECTIVE LEADERSHIP MASTER CLASS*

全球传奇管理者传授成功的秘诀

做什么以及如何做的人才会赢得他人的服从,尤其是在危急时刻。如果这就是领导者的全部素质,那么拥有技术或专业知识就能获得领导权。士兵懂得战术、医生了解医学、水手学习航海知识、农民掌握农业技能,那么他们就有资格担任领导者。他们积累了必要的知识和经验,因此至少在他们的领域中,无知者对他们更愿意服从。对于苏格拉底和以柏拉图为代表的学生来说,知识是通往领导力的主要途径。我们可以由此追溯到全球领导力传统的一个重要起源。受过教育的统治者、官员或领导者(依靠知识和经验,而不是出身、头衔或职位获得权威的人)往往提倡兴办学校。到了文艺复兴时期,这条传统的涓涓小河发展成为洪流。

但是,拥有知识和经验是否就是领导力的全部?色诺芬很清楚,事实并非如此。从对军事行动的观察中,他找出了那些因畏惧而赢得下属和同事自愿服从的领导者,与所谓的知识权威而获得他人服从的领导者之间的区别。

■ 有知识和经验就够了吗?

在库那克萨战役中力挽狂澜的斯巴达将军克利尔库斯属于后者。我们在军事历史上可以找到很多类似的人,罗马军队需要像他这样的人。这种类型的军官在后来的部队中频频出现：腓特烈大帝时代的普鲁士军队，乔治国王统治时期的英国皇家海军，第二次世界大战[①]期间的德国国防军以及在越南的美国陆军。

克利尔库斯去世时大约50岁。他一生的大部分时间都在战争中度过，在艰苦的环境中积累了丰富的专业经验。但色诺芬指出，克利尔库斯从未赢得过人们的心，没有人因为友谊或对他的好感而追随他。色诺芬继续说道：

> 他作为士兵的卓越品质表现在以下方面：他喜欢冒险，不论白天黑夜，随时准备对敌人发动进攻；并且当情况危急时，他总能保持镇定，让身边的人心服口服。据说，他这一类型的军官具备了一切领导才能。
>
> 他拥有出色的规划能力，能为军队取得补给；也能给身边的人留下一个必须服从他的印象。他非常威严。他的表情严肃、声音低沉。他会采用严厉的惩罚手段，虽然有时他也会因为一时之气惩罚别人而感到懊悔。在他看来，惩罚是个原则性的问题，因为他相信一支没有纪律的军队一无是处。据传，他曾说过，与敌人相比，士兵必须更害怕自己的指挥官，只有这样才能认真站

---

① 以下简称"二战"。——译者注

岗，不会伤害自己人，还能毫无顾虑地投入战斗。

在艰难的处境中，士兵们对他充满了信心，而且找不出比他更称职的人。在这些情况下，他们认为他那令人畏惧的表情是令人愉悦的，他的威严在敌人面前是一剂强心针，因此对他们来说不再有威慑力，而是给了他们安全感。另一方面，当局势不再危险，并且有机会选择别人时，许多人就会抛弃他，因为他强硬且野蛮，与士兵的关系就像校长与学生。

我们很容易得出这样的结论：尽管克利尔库斯作为士兵能力出众，而且擅于规划和管理（现代经理的职责），但他不适合担任领导者。如今，人们提到军事将领往往会产生负面情绪，一个原因在于他们以为所有的将领都与克利尔库斯如出一辙。但事实并非如此。

色诺芬提出的最后一点是，克利尔库斯对待士兵们就像一个教育家（希腊语的字面意思为"儿童领袖"），这很有启示性。希腊人相信自己是地球上最聪明的群体，并为此感到自豪。他们也坚定地秉持着平等和民主的传统。他们不喜欢受欺负，也不希望被当作孩子来看待。

在库那克萨战役之后不久，波斯人以叛国罪将克利尔库斯和其他五名希腊将军处死，当时26岁的色诺芬被选为继任者。聆听苏格拉底关于领导力的教诲后，色诺芬呈现出怎

01 知识创造领导力

样的领导风格？他一定认真思考过这个问题。显然，他不想成为另一个克利尔库斯，也不想在"为了追求人气而显得软弱"上犯错误。色诺芬告诉我们，另一名被处死的将军——维奥蒂亚人普罗克塞努斯（Proxenus）就属于后者。当初正是他邀请色诺芬参加波斯远征，所以两人很可能是朋友。普罗克塞努斯是一个非常有野心的年轻人，他花重金请一位叫作高尔吉亚（Gorgias of Leontini）的名师为他讲课。"与老师接触了一段时间后，"色诺芬写道，"他得出结论，认为自己具备了指挥军队的能力。而且如果与伟大的人成为朋友，当他们帮助自己时，自己可以给予至少同样多的回报。因此，他参加了小居鲁士安排的这次冒险，期待从中获得名声、权力和金钱。"普罗克塞努斯也清楚地表明，他想以公平和荣耀的方式得到这一切，否则什么也不要。他享受被人喜欢，这导致他看起来过于软弱；而且他盲目追求好名声，并因此犯下了错误：

> 他是一个有绅士风度的好指挥官，但他无法让士兵对他产生尊重或畏惧。的确，与下属面对他相比，他面对士兵时更加羞怯；而且很明显，与士兵担心违背他的命令相比，他更害怕自己不受欢迎。
>
> 他以为，要成为优秀的将领并获得好的名声，仅仅奖赏表现出色的人就够了。结果，随行的正派之人都喜

欢他，但不遵守纪律的人认为他很容易被摆布，因此动摇了他的地位。他去世时大约30岁。

可以说，普罗克塞努斯不适合军事环境，也不会与士兵培养正确的关系。或许他在非军事领域也同样不擅于领导。他的品德在一定程度上导致他不够强硬或严厉，因此失去了别人的尊重。而如果没有尊重，领导力就会受到致命的伤害，一个软弱的领导者会遭到无良下属的剥削。在人类从事的任何领域，这类糟糕的领导者都尤为相似。

西方世界最伟大的领导力老师——苏格拉底的学生色诺芬向我们展示了他对领导力的理解。

■ 行动中的领导者

想象一下，自己正处于库尔德斯坦（现处于伊拉克和土耳其的边界）南部边境，坐在阳光充足、铺满石子的山坡上，看着眼前的景致：现在大约是正午，天空一片蔚蓝，只有远处的山顶上有几丝白云，一动不动地挂在那里。万国的先锋部队正沿着山脚行进，炽热的阳光照在长矛、头盔和铠甲上，折射出刺眼的光。他们急匆匆地前进，渴望尽快抵达山中的安全地带，甩掉后方像猎狗一样穷追不舍的波斯骑

01 知识创造领导力

兵。但是，他们必须先面对当地好战的卡迪基人。在山口的另一端，你可以看到当地部落的大批人马已经占领了峭壁旁的一处低地，把控着交通要道。希腊的先锋部队也发现了他们，于是停了下来。你可以看到，经过一番讨论，一个信使跑了回来。几分钟后，一个骑兵（正是色诺芬本人）奔向先锋部队的指挥官——经验丰富的斯巴达人彻里索弗斯（Chirisophus）。色诺芬告诉他，他没能调来轻装增援部队，因为后卫部队——他们原本也被不断遭受攻击——不能再削弱。然后，他仔细研究了地形。他注意到卡迪基人忽略了山上的制高点，于是将自己的计划告诉这位斯巴达战友：

"彻里索弗斯，我们最好的选择是全速冲上山顶。如果我们能够占领它，那些把控要道的人就失去了优势。如果你愿意，可以跟大部队留在这里，我会去探探路；或者你上山，我留在这里。"

"你来选吧，"彻里索弗斯回答，"随你。"

色诺芬说，这将耗费巨大的体力，并合理地指出，年轻力壮的自己是完成这项任务的最佳人选。他选出了约400名配有瞄准镜和轻标枪的突击兵，又从先锋部队中精挑细选出100名长矛手，率领他们尽快赶往山顶。但当敌人洞察到希腊人的行动时，也开始以最快速度冲向最高点。

当时叫喊声很激烈，一边是希腊军队为自己的士兵欢呼，另一边是提萨菲尼斯的手下为自己人鼓劲。色诺芬骑着马沿着队伍奔跑，敦促他们前进。"将士们，"他说，"我们是在为希腊而战，为妻儿而战，现在只需付出一点努力，接下来的路将是一片坦途。"

来自西锡安的索特利达斯说："我们不在同一个条件上，色诺芬。你骑着马，而我带着盾牌走路，已经筋疲力尽了。"

作为指挥官，色诺芬有几种选择：他本可以忽略这个人，或者可以威胁他；再或者可以将这个人抓起来，晚些时候再惩罚他。但色诺芬没有选择任何一种，他以第三人称的口吻告诉我们接下来发生的事情：

色诺芬听到这句话，从马上跳了下来，将索特利达斯推出队列，拿起他的盾牌，快速朝前走去。他身披铠甲，同样负重前行。他不断鼓励前方的人继续前进，喊着后边的人跟上，尽管他自己走得也很吃力。见此，其他士兵纷纷咒骂索特利达斯，向他扔石块，逼他拿起自己的盾牌继续走。色诺芬重新骑上马，继续带路。到了无法骑行的地方，他把马留在身后，徒步向前。最终，他们在敌人之前登顶了。

01 知识创造领导力

注意,是其他士兵羞辱了索特利达斯,并要求他拿回盾牌。尽管色诺芬背负着沉重的铠甲,在士兵冲上山坡时落在队伍后边,但他一直在鼓励士兵继续前进,并提醒他们保持战斗状态。最终,他重新上马,在前方带队,然后又徒步前进。

希腊人登顶后,卡迪基人转身向各个方向逃窜。之前在一旁围观的提萨菲尼斯及其手下的波斯骑兵也掉转马头撤走了。

接下来,彻里索弗斯率领的先锋部队穿过山脉,抵达底格里斯河旁边一片肥沃的平原。他们在那里休整了一下,准备面对冰雪覆盖的亚美尼亚高地的严寒。最终在第二年的夏天,军队抵达了达达尼尔海峡(欧洲与亚洲的分界)的安全地带。这一切要归功于色诺芬。不久之后,他成了万国唯一的军队指挥官。

读完这个故事,你可以发现,色诺芬承担起了领导职责。他以身作则,这是领导力案例中的普遍原则或主题。当人们面临困境或危险时,这一点尤其重要:他们期望领导者与自己共同承担风险和压力,或者至少表现出这样做的意愿。

■ **本章要点:知识创造领导力**

● 苏格拉底没有发表过作品,但他身边的两个人——

17

色诺芬和柏拉图——都告诉我们：苏格拉底曾说过，知道在特定环境中该做什么的人才能获得领导地位。这个理论后来被称为"情境法"，最早可追溯到苏格拉底。

- 人们更愿意追随清楚自己该做什么的人。
- 根据色诺芬本人的经验以及他对其他将军的观察，优秀的领导者可以提供方向、树立榜样，并与他人共同面对危险或困难。他无须主动追求声望，便可以赢得他人的尊重。
- 管理（行政工作、规划和控制）与领导力是有区别的。优秀的领导者不仅擅长这些工作，还拥有神秘的力量，能唤起他人共同参与任务的意愿和热情。
- 色诺芬面对卡迪基人的突袭，体现了领导力的另一个基本原则：领导者善于激励他人。他能够振奋他人的精神，让他们有勇气开展共同行动。色诺芬的言行使希腊人充满了信心和决心，他的英勇无畏激励了他们。

如果对于分配给别人的任务，领导者能够展示出高水平的执行力，那么手下人就不太可能轻视他。

——色诺芬（古希腊士兵、历史学家）

---

02 领导能力

> 每个人都可以通过一点思考和实践极大地提高领导能力。
>
> ——斯利姆勋爵（英国陆军元帅）

在苏格拉底时代，领导权的可转移性问题对于雅典尤其重要。全体公民都有机会通过选举担任雅典陆军和海军的各个职位，包括将军（相当于今天的陆军步兵营的指挥官）。对于任何有志成为雅典政治领导人的雄心勃勃的年轻人来说，获得军队指挥权是第一步。另外，还有其他途径，例如担任合唱团指挥。这些合唱团与军队一样，都建立在雅典古老的部落架构之上。希腊人非常喜欢比赛，在比赛中获奖的合唱团可以为其部落和团队赢得荣誉。

在这个时代背景下，苏格拉底和色诺芬开始关注可转移技能或个人技能，与专业技能不同（可以让年轻人在商业或政治领域、音乐等艺术领域以及雅典陆军或海军中获得领导地位）。雅典人多为平民，与苏格拉底一样，战争来临时，雅典人需要加入矛兵方阵，或者在海军战舰上划桨。希腊各城邦不存在专业军官或士兵的概念，除了斯巴达——它是一个战士之城。

在接下来的案例中，苏格拉底探讨了可转移性的问题。他提出，成功的商人也可以成为合格的将军。在这一领域，苏格拉底成了历史上第一个探讨我们今天所说的"领导职能"的人。

■ 案例：尼科马基德斯

苏格拉底看到尼科马基德斯从选举中回来，便问他："谁当选将军了？"

"难道看不出来是雅典人吗？"他回答，"自从入伍以来，我一直很努力，还多次在战争中受伤，但他们还是没有选择我。"（这时他露出自己的伤疤。）"他们选择了安提西尼，而他从来没在军队中服过役，也不算出色的骑兵，他除了赚钱之外什么都不懂。"

苏格拉底说："这难道不能证明他有能力为战士们获得物资吗？"

"为什么，"尼科马基德斯反驳说，"商人有能力赚钱，但这不意味着他们适合统率军队！"

02 领导能力

苏格拉底回答说:"但是安提西尼也渴望胜利,这对于将军来说是个优点。他在担任合唱指挥时,他的合唱团总能获胜。"

"这个我相信,"尼科马基德斯承认道,"但合唱团和军队之间没有可比性。"

苏格拉底回答道:"安提西尼对音乐或合唱团的训练也是一无所知,但他擅长任用能力最出众的人。因此,如果他能像在合唱团中一样,找到并选任最适合参战的人,那么他在这方面也很可能成功。与帮助部落赢得合唱比赛相比,他应该更愿意花钱帮助国家打赢战争。"

"苏格拉底,你是想说,在合唱中能取得成功的人也会带领军队获胜吗?"

"我的意思是,无论一个人做什么,只要他知道自己想要什么并能够得到它,无论是管理合唱团、庄园、城市还是军队,他都会成功。"

"说真的,苏格拉底,"尼科马基德斯大声叫道,"我永远都想不到你会认为好商人也能成为好将军!"

通过耐心的引导,苏格拉底终于让尼科马基德斯认同成功的商人和将军拥有类似的领导职能。然后,苏格拉底提出了六项具体的职能或能力:

◎ 选贤任能

◎ 奖罚分明

◎ 赢得手下人的尊重

◎ 吸引盟友和帮手

◎ 保留自己的成果

◎ 吃苦耐劳

"这些是一般职能，"尼科马基德斯表示同意，"但战斗不是。"

"可是商人和军人都能找到对手吧？"

"是的，没错。"

"打败对手难道不重要吗？"

"这点毋庸置疑，但是你没有说商业才能如何有助于打仗。"

"这才是最有帮助的地方，"苏格拉底总结道，"对于一位优秀的商人来说，在战场上能收获的最大利益便是胜利，而最无利可图甚至成本高昂的结果是失败，所以他会凭借自己的知识积极探索和避开导致失败的原因，在自己足够强大的时候给敌人致命一击，而在自己尚未准备好时避免交战。"

听了苏格拉底的一番话，尼科马基德斯流露出惊讶的表情。苏格拉底的教诲——人们只愿意跟随在特定环境中拥有

02 领导能力

相关知识权威的领导者——在雅典一定广为人知。此外，与20世纪大部分时间中的英国一样，当时商人社会地位较低。来自雅典上层家庭的年轻男性会在军事和政治领域谋求职位，但不愿意经商。当然，在工业革命之前，工商业的规模较小，领导力的范围也相应受到限制。相比之下，在近代以前，陆军和海军一直是人类共同事业中规模最大、地位最高的领域。例如，在18世纪中叶，英国皇家海军是西欧最大的产业。

苏格拉底挑战了这种历史上长期存在的轻商主义思想。"不要轻视商人，尼科马基德斯，"谈话接近尾声时，他说，"因为私人事务与公共事务在管理上的唯一区别仅仅在于规模。在其他方面，两者非常相似，尤其是它们都离不开人，从事私人和公共事务的人没有差别。那些负责公共事务的人在处理私人事务时也要雇用同一批人；知道如何管理他们的人会同时在两个领域成为成功的领导者，而不善于用人的人在哪里都会失败。"

■ 人的需求与领导者的职责

色诺芬观察到，军事和商业领域的人在本质上无差别，因此他重点关注领导者满足他人需求的能力。他在苏格拉底与尼科马基德斯的对话中指出了这一点，在其他对话中也多次强调。一个好的领导者可以满足下属的需求，正如好的牧羊人善于照看羊群一样。领导力本质上是帮助人们实现更好生活的手段，在当前这个时代也能引起共鸣。它暗示了一个主题：领导力是为他人服务的一种形式。这一主题后来逐渐流行起来。

对于团队成员的需求来说，我们可以明确找出三个不同但相互重叠或相互作用的需求领域：完成共同的任务，维护同一支团队，以及满足每个成员的个人需求。

我们不应将这三种需求视为彼此独立的存在：它们以多种方式重叠或交互，效果有好有坏。例如，如果团队无法完成任务，它就有可能解体。这样一来，个人需求便会受到影响，因为我们对金钱、安全、认可和个人或专业成长的需求，在很大程度上与共同任务关联在一起。把这些需求领域（任务、团队和个人）绘制为三个重叠的圆圈（如下图所示），便更加一目了然。

为什么使用"需求"一词？如果共同任务对人们有足够的价值，那么企业、组织和团体的成员会感觉有必要成功地完成它，并且会寻找能带领他们完成任务的领导者。他们还需要组成一个团队，并形成一种凝聚力，这不仅仅是身体上的，更是思想与精神上的和谐相处。个人需求包括得到食物和住房、受伤或生病时有人护理，以及遇到危险时能保证

02 领导能力

三个需求领域

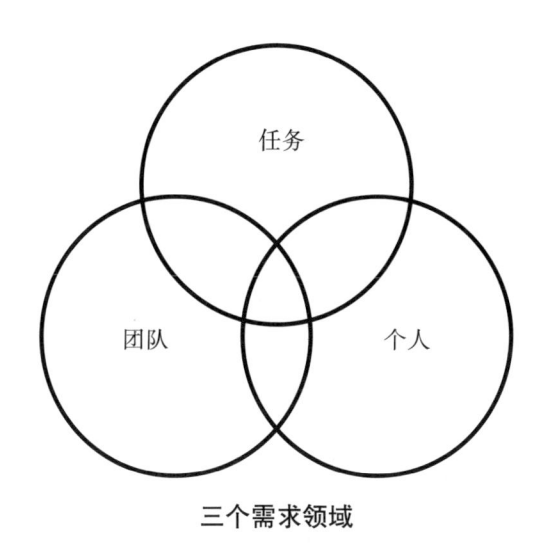

安全等基本需求。但我们不仅是独立的个体,也是全人类的一员,因此会寻求社会的接纳和尊重,即他人对于我们个人对共同任务或共同利益所作贡献的认可。希腊人更崇尚个人主义,这是与其他城市人民的区别。这源于且依赖于从某些显著行为或成就中获得声誉的渴望,他们渴求得到对个人的认可。

领导者要满足这三个方面的需求,就必须履行领导职能,包括确定方向、规划和管理、制定并遵循标准以及鼓励他人等。下图展示了三个重叠的需求领域包含的关键职能:

任务职能
明确任务
制定目标
制定规划
分配工作和资源
把握工作质量和节奏
根据规划检验成果
调整规划

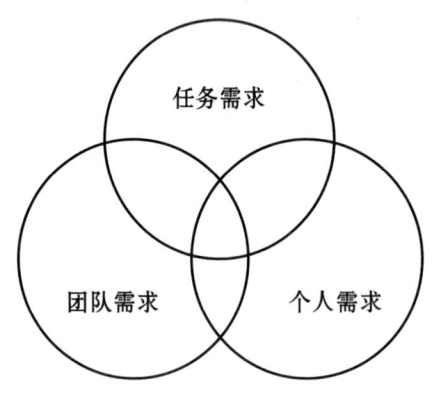

任务需求

团队需求

个人需求

团队职能
制定标准
维持纪律
维护团队精神面貌
鼓励、激发团队成员，培养使命感
任命下级领导
保障内部沟通
培训团队

个人职能
帮助个人解决问题
激励个人
赋予个人身份
认可和利用个人能力
培训个人

三个需求领域的关键职能

显然，领导者需要运用知识帮助团队或个人完成任务。但领导者的素质如何与团队或个人相匹配？领导者的个性与

02 领导能力

品质将决定或影响他履行上图所列职能的风格，顽强、坚韧、公正、热情和幽默感等素质决定了领导者履行关键职能的方式。

上面的三环模型存在不够灵活的缺点。现实中的领导力是动态的，始终在变化，它是某个环境中人的需求及领导者的个性之间不断变化的相互作用。

■ 管理中的领导

色诺芬在生命的最后几十年没有帮助斯巴达朋友们竞选，而是经营着自己的庄园，并撰写了许多他那个时代的历史、宪法、狩猎、马术和骑兵指挥的作品。

他在自己最具影响力的作品——《居鲁士的教育》（*Cyropaedia*）中再次回到了领导力的主题上。在随后的几个世纪中，本书为多位伟大的罗马领袖提供了领导力方面的教材。书的标题揭示了它的主要内容：关于居鲁士大帝所受教育的哲学对话。事实上，居鲁士只是一位统治着理想国家的理想君主。

色诺芬在书中提出，领导者应证明自己在夏天能忍受酷暑，在冬天可以忍受严寒；在艰难时期，至少能与手下人一起吃苦耐劳。此外，如果有好事降临在他人身上，领导者应与他们一起感到开心；如果他们遭受痛苦，领导者应示以同情；如果有人陷入困境，领导者要积极地帮助他们。"在这些方面，你要与他们共同体会，"色诺芬写道，"这有助于领导者得到下属的爱戴。"

色诺芬补充了一个有趣的观察结果：实际上，领导者比下属更能忍耐酷暑和严寒、饥饿和口渴、匮乏与艰辛。"将军这个职位，以及他对自己的一切行为都会被注意到的清醒认识，减轻了他的负担。"

色诺芬提出，这一原则适用于人类从事的所有领域，因为每个人的需求都是相同的。他在斯奇卢斯庄园撰写的另一本书——《家政论》（世界上第一部关于管理学的作品）以独特的风格和令人信服的语言提出了这个独特的观点。

在这本书中，色诺芬用较大的篇幅介绍了农业技术和产业组织，总结了他在奥林匹斯山脚下经营庄园的经验。同时，也强调了在大型农场发挥领导作用的重要性。"没有人可以成为优秀的农民，"他说，"除非他能让手下的劳动者积极且顺从地劳作；率领将士抗击敌人的军官也要奖励英勇之人、处罚不遵守命令的人，从而获得同样的结果。就像将军不断给士兵打气，农民也要经常给手下人鼓劲。奴隶跟自由人一样，为了让他们埋头工作，要给他们一些希望。"

他指出，位高权重之人往往缺乏与农业、政治或战争相关的一般领导力。色诺芬以他那时的希腊军舰为例，注意：

02 领导能力

此舰上划桨的都是自由人,而不是奴隶。

如果军舰处于公海上,划桨之人必须整日划个不停才能迅速抵达港口,因此领头人要不断激励他们,保证他们卖力地干活。而没有领头人激励的军舰则较为笨拙,要花费两倍以上的时间才能走完相同的航程。最终结果是:一面,划桨者满身汗水、互相道贺;另一面,水手们身上干爽,却与上级互相怨恨。

色诺芬又回想起他认识的将军们,他们在这方面也存在很大差别。

一些将军的下属不愿工作和冒险,也不愿服从命令,除非将军逼迫他们。这些人以敢于违抗命令而自豪——没错,而且当某些可耻的事情发生时,他们并不感到羞耻。而才华横溢、英勇无畏、能力出众的领导者接管同样的军队效果则相反:士兵会为做出可耻的行为而羞愧,愿意服从命令并为此感到自豪,行动时充满了干劲。随着每个士兵产生行动的热情,整支队伍也会自发地产生动力和雄心,他们不会在指挥官的监视下才埋头苦干。最优秀的领导者会让手下保持这种状态——他们不需要擅长使用弓箭和标枪,不需要骑最好的马,不需要在危险的时候冲在最前面,也不必成为完美的骑兵,但可以让士兵心甘情愿地与他们一道冲锋陷阵。因此,在私营企业中,(色诺芬继续道),能够使手下保持敏锐、勤奋和坚韧的领导者,可以帮助企业实现发展和盈利。

▌领导能力是与生俱来的,还是后天培养的?

对于色诺芬而言,这种领导力是"任何需要人力劳动的活动中最伟大的东西"。如果领导者的知识权威是后天培养的,那么他们是否天生具有激励他人的能力?我们很容易得出肯定的结论。在危险、恐惧或困难面前,人们所具有的智力或道德力量,让他们敢于冒险或坚持,这是一种天赋,并非每个人都有。但是,色诺芬相信这种能力可以后天培养,虽然并非一蹴而就。他没有具体说明这种领导力教育的内容或方法,但苏格拉底式讨论肯定涉及其中。

色诺芬暗示道,领导者首先必须具有一定的潜力。很多人都有这种潜力,只是自己没意识到。如果出现领导的需求或机遇,再加上一点鼓励和培训,大多数人都可以释放这种潜力。那些潜力较大的人可以在自己的领域内成为更优秀的领导者,前提是他们愿意朝着这个方向努力。

02 领导能力

当经验或实践以及原理或理论之间产生火花时，我们便能学到关于领导力的知识。这两方面缺一不可。很多人错误地认为，领导力只能在经验中获得。经验只会教那些愿意学习的人，而且要投入巨大成本。有些人学成归来时年纪已经很大了，没有机会学以致用。最好的办法是将经验和思考结合起来，为将来的行动提供信息或指导。在这个过程中，将他人作为模范、榜样或导师也很重要。例如，苏格拉底很可能亲自给色诺芬提供了指导。

我们之所以不能全盘接受书本或课堂上传授的关于领导力的理论或原理，是因为领导力主题的所有学术研究教给我们的仅仅是有关领导力的知识，而不是领导方法。当然，人们有必要充分了解领导力的概念，这是领导他人的前提。但是，领导力主要是在实践中培养的，这其中有个必要的实验、试错、成功或失败、反思和解读的过程，任何东西都无法替代。人们可以在这个自我培养的过程中获得出色的领导才能，别人可能会说："他非常有天分！"但是没人知道他付出了多少努力。

■ 本章要点：领导能力

● 除了素质法（你要成为怎样的人）和知识法（你

应具备哪些知识）以外，领导力还包括职能法，即获得领导力的手段。

◉ 关于可转移性的讨论（商人能否成为优秀的将军），促使色诺芬构建出我们今天所了解的职能法。他提出了以下常见的领导能力：

★ 选贤任能（对人的判断）

★ 奖罚分明（处事公正）

★ 赢得下属的尊重（激励他人）

★ 在同事、盟友和供应商之间建立良好的关系（团队建设）

★ 树立吃苦耐劳的典范（保持精力）

◉ 苏格拉底通过强调相反的观点，驳回了尼科马基德斯提出的反对意见（即商人对战斗一无所知）。在现实中，领导者既需要具备某个领域或环境的相关知识，还要承担一般性的领导职能。你的素质将为你的领导行为增添个人色彩。

◉ 尽管色诺芬将领导力视为满足团队和个人需求的一种手段，但他没有系统地解释这一观点。体现不同需求领域（任务、团队和个人）的三环模型弥补了这一缺陷，通过它，我们可以将领导职能与需求更紧密地联系在一起。

◉ 色诺芬通过文字和行动提醒我们，强制权力以及

02 领导能力

源于坚实的领导和个人榜样的内在权力之间存在很大差别。他还证明，在战场上领兵打仗和在农场领导工人的能力是一样的。人类的本质不会改变——这是本书传达的一个观点。

> 一个国家所崇尚的东西是可以培养出来的。
> ——柏拉图（古希腊哲学家）

03
领导者中的领导者

> 群雁高飞头雁领。
>
> ——中国谚语

美国著名拓荒者丹尼尔·布恩（Daniel Boone）曾经被问到，他是否在肯塔基州人迹罕至的森林中迷过路。"我不确定是否迷过路，"他回答说，"但有三天我确实有些晕头转向。"从字面上看，"领导者"永远不会迷路，即使他们偶尔也会无所适从。因为他们在自己的领域内有方向感。

在不断变化的形势下探索前方的道路并指明前进的方向，这是领导者对于完成共同任务的最主要贡献。但是在变革的道路上，领导者还负责组建或维护团队并满足个人需求。《圣经》中牧羊人的形象很好地体现了这三种责任。古时一位伟大的领袖——亚历山大大帝在穿越亚洲的征程中也证明了这一点。"领导者"一词本身就包含指引前进方向的意思。

03 领导者中的领导者

"领导"(lead)、"领导者"(leader)和"领导力"(leadership)这几个词在古英语中的词根为"laed",原意是"道路";它源自动词"laeden",意思是"旅行"或"出发"。盎格鲁-撒克逊人扩展了它的含义,用来指人们在路上的旅程。船员用它来代表船只的航线,领导者是负责引领方向的人。在陆地上,他会走在前面带路;在海上,他将同时担任导航员和舵手。

为了脚踏实地地学习领导力,领导者需要保留引路人的基本职责,将人们团结在一起,在言行上鼓励他人不畏风险、继续前进。这些能力在亚历山大大帝身上都得到了体现。在领导力方面,他几乎无人能敌。当然,作为人类,他也有自己的过失和缺陷;尽管如此,当时的人,尤其是他的同伴和追随者都将他尊为杰出的领袖。下面的故事揭示了其中的原因。

■ 穿越格德罗西亚沙漠

想象前方有一片布满岩石、砂砾和矮灌木的荒芜沙漠,正值仲夏季节,沙漠在太阳的照射下热得有如火烤一般。亚历山大大帝正在率领希腊大军穿越小亚细亚这片干旱的平原,其中包括大约三万名步兵以及跟在后方的骑兵部队。公元2世纪的希腊作家阿里安（Arrian，拉丁语原名为弗拉维乌斯·阿里安努斯，亚历山大大帝所征服地区的最优秀、最可靠的历史学家，自诩为第二个色诺芬）记录了当时的情形。

> 亚历山大与其他所有人一样口渴难耐，但他仍旧在队伍前面徒步前进。他唯一能做的就是向前走，他也这样做了。当士兵们看到他与自己一样在咬牙坚持时，便不觉得难以忍受了。在行进的过程中，一支外出找水的轻装步兵队伍找到了水源——但只是一条浅浅的小水沟。他们艰难地将这一点水舀起来，快速跑回去，将这无价的宝藏奉献给亚历山大。在到他面前之前，他们将水倒入头盔中，将头盔呈给了他。亚历山大向这些人表示感谢，然后拿起头盔，在所有人的注视下将水倒在了地上。这一举动令人非常震撼，大家仿佛都喝到了水一样。这个行为值得最高的评价：它不仅证明了亚历山大的忍耐力，还凸显了他的领导才能。

亚历山大在格德罗西亚沙漠中受到的考验尚未结束。希腊军队从当地人中雇佣的向导先是带着希腊军队向左走，然后又向右走，最后承认自己找不到路了。他们表示自己熟悉的地标已被流动的黄沙所掩埋，在毫无标记的大片沙漠中失

03 领导者中的领导者

去了方向——没有树木也没有山丘。

面对三万多名口渴难耐的士兵,以及大批的马匹和牲畜,亚历山大突然感到自己陷入了危机。他知道,整支军队有可能彻底消失在沙漠中,在被风沙吞噬之前可能先渴死。但亚历山大没有表露出一点惊慌,他极为镇定地向军队下达指令。

他凭直觉认为应该向左走,于是派一小队骑兵前去侦查。这是可以承受的风险。当马匹开始不堪忍受酷热时,他把大部队留在后面,只带了五名骑兵离开。终于,他们从沙丘间的低矮处看到了远处蔚蓝的大海。他们挖开沙滩上的石子,找到了淡水。整个部队很快跟了上来,沿着海岸线走了七天,从海滩上获取饮用水。最终,向导们再次确定了所处的位置,并制定了向内陆行进的路线。亚历山大凭借果断的领导帮助军队摆脱了灭顶之灾。

▍团结与团队合作

亚历山大接替父亲——马其顿的腓力国王成为"希腊人的领袖"。他在战斗中以骁勇善战和领导有方著称。但是,我们所了解的他更像是带领一个庞大群体的牧羊人,而不是身穿铠甲、指挥作战的将军。从某种意义上讲,他向东方的征程更像是探险家的远征，而不是征服者的战斗。确实，亚历山大身边围绕着的是所谓的科学家。亚历山大回到故土时，他手下的士兵们已经行进了1.15万英里（约1.85万千米）。这段征程花费了很多年，其中行进的时间远远多于战斗。上面提到的格德罗西亚沙漠中的案例发生在从印度返回希腊的漫长而疲惫的途中，它向我们展示了亚历山大在为军队指引方向上的非凡领导力。

值得一提的是，亚历山大还满足了我们前面探讨的另外两个领域的需求。军队中不到半数的人来自马其顿，其他人来自希腊的各个城邦。希腊人天生好战，不擅长合作。荷马用一句话总结了他们的精神："永远在追求卓越，努力超过别人。"亚历山大成功地在这支军队中培养出了团结精神。它由背景和特长各异的希腊人组成，包括骑兵、步兵、文职人员和工程师，他们形成了一支坚不可摧的团队，这种情况不同寻常，但产生了很大的回报。

这种团结有助于在战场上让不同军队之间开展合作。他们像参加比赛的合唱团一样，整齐划一地行动，在比赛中齐声演唱。希罗多德在描述一场战斗中的希腊军队时就使用了这个比喻。即使在今天，合唱团也是团队合作的典范。因此，骑兵没有将步兵低看一等，长矛兵也不会看不起突击兵或投石手。马其顿的多名参谋长都有自己的特殊职能，但相互之间像拼图一样紧紧相扣、互为补充。例如，赫菲斯提安

03 领导者中的领导者

（Hephaestion）负责供给和运输事务，狄阿底斯（Diades）担任工程师，拉俄墨冬（Laomedon）担任总督——这种分配很明智，它把亚历山大从管理军队这个潜在的棘手问题中解放了出来。亚历山大甚至任命了一位信号官。除了医疗队之外，他还组建了一支配备便携式渡河器材的专业队伍，以及一支炮兵部队负责掩护渡河。作为一支人员精减、职能全面的部队，只要保持凝聚力，就能战无不胜。

■ 人文关怀

当然，亚历山大不可能认识每一个马其顿人，更不用说军队中的所有希腊人了。但他确实有一种本领，让人们以为他认识所有人，他满足了每个人的需求。阿里安记录了有关亚历山大的人文关怀的大量事例。亚历山大从不将士兵们仅仅看作是武器，更是同伴和手足。一场战役之后，阿里安写道："他对伤员表现出了极大的关心：他亲自看望所有人，检查他们的伤口，询问每个人是如何受伤的，并听他们讲述自己的故事，允许他们随心所欲地夸大事实。"

正是这种人文关怀和战友情谊使亚历山大深受战士们的喜爱，他对一位年轻的马其顿长矛兵无微不至的关心再次印证了这一点。或许是担心自己无法平安归来，这名士兵在出征前夕匆匆结婚了。亚历山大感受到了士兵们的顾虑，于是在第一年夏末解散了军队，让他们回家与妻子一起过冬。"亚历山大的这一举动让他前所未有地受到将士们的爱戴。"

这种领导才能从何而来？亚历山大天生就有魅力吗？还是他后天创造出了魅力？关于他的这些更深层次的问题，我们将在下一章继续探讨。

■ 本章要点：领导者中的领导者

● "领导者"（leader）一词的词根原意为"道路"，或"船只的航线"，是旅行用语。如果你的组织没有开始任何旅程，就没必要思考关于领导力的问题——做好管理就可以了。

● 领导者不一定是冲在前面的人——在军事领域，他也可以是侦察兵或先遣兵。但是，领导者应该提供指导或引领方向，保持团队的凝聚力，并且在旅途中满足每个人的需求。

● 旅途中可能危险重重，特别是在暴力冲突的军事领域。领导者要与其他人一起承受艰难困苦和各种危险，像亚历山大在格德罗西亚沙漠中所做的一样。

● 亚历山大具备基本的军事优势，例如坚强的体魄，

03 领导者中的领导者

以及优秀的指挥官应具备的精神品质。他还拥有超越时间和空间的领导才能。

⦿ 团队像拼图一样，由完美契合的各个部分组成。在亚历山大强大的领导下，希腊军队成为一支高效的团队。无论境况有多绝望，亚历山大都能率领军队一次又一次地击败更强大的敌人。团队合作是他成功的关键。

⦿ 与现在的人一样，当时的希腊人也奉行个人主义。亚历山大除了满足每个人的个人需求（食物、水、安全和家庭）外，还会亲自表彰表现出色的人。他知道这些人的名字，并公开表扬他们。

⦿ 亚历山大很有远见。他不仅为自己或为马其顿而战，对他来说，最重要的是在全世界宣扬希腊的人文价值。那么，你的愿景是什么？

远见就是看到不易觉察的事物的能力。
——乔纳森·斯威夫特（爱尔兰作家）

04

领导者的个人魅力

> 真正的魅力是一种气场,是空气中看不见的味道;
> 如果你能看到它起作用,咒语就被打破了。
> ——洛瑞·李(英国作家)

有位经理人曾对我说:"亚历山大一定具有强大的个人魅力。"什么是个人魅力(charisma)?

《韦氏大词典》将其定义为:"政治家或军事指挥官让民众对其保持忠诚或热爱的个人魔力。"此后,这一概念广泛应用于政治或军事以外的其他领域的领导者。实际上,它逐渐失去了独特的含义,成为"公共吸引力"的同义词:好看的外表、夸张的举止和自我宣扬等特征的结合。因此,这种"魅力"往往被视为表层的新鲜涂料,很快会暴露出其下方长期积累的缺陷。

04 领导者的个人魅力

■ 天赋

现代人对"个人魅力"的使用，源于德国社会学家马克斯·韦伯（Max Weber）。韦伯对于权威如何在不同的社会中合法化很感兴趣。他假设权威存在三种形式：传统权威、魅力权威和官僚权威（或法理权威）。韦伯认为，个人魅力是"一种非凡的人格特征，使个人被视为具有超自然、超人的力量或品质"。因此，魅力权威是内在产生的，它源于一个人激发他人相信自己具有知识和权威的能力。

历史上有大量案例证明，品质出众的领导者善于挑战时代传统。这些人的追随者所形成的非正式团体在规模逐渐变大，以及在最初的领导人去世后，往往会转向法理权威（官僚权威）。有时候（以方济各会和它的创始人圣弗朗西斯科为例），团体在创始人去世之前就已经出现了这种倾向。创始人发现，在这个迅速失去原本精神的大型组织中，自己遭到了排挤。每个领域都存在这种情况，尤其是在企业家让位给管理者的行业。

希腊人非常虔诚，他们相信具有人类特征的神或上帝是存在的。换句话说，神与人之间没有绝对的界限。希腊人将具有超人的力量、勇气或伟大灵魂的人称为"英雄"，因为这些天赋表明这些人得到了神的青睐。后来，这些人在希腊被视为永生的半神。赫拉克勒斯（古希腊神话中的大力神）是英雄中的典范，他是亚历山大和马克·安东尼的榜样，他们都渴望成为拥有神力的英雄。亚历山大曾说，只有对性和睡眠的需求，才让他感到自己是人类。

所有希腊人都认为领导力是上帝赐予的礼物。与罗马人不同，他们不愿意崇拜英雄，而是将神的荣耀赋予人。希腊人对神非常敬重，以致害怕神的报复，所以不愿意以这种方式亵渎他们。另一方面，尽管希腊人较为成熟，但他们仍然处于发展初期。在那个崇尚万物有灵的时代，人们可以看到或感应到神灵栖息在树上、河里和山中。为什么不是具体的人？因为不道德的领导者可能会滥用人们的信任。在同谋的帮助下，他将自己描绘为具有神圣或半神圣力量的人，去获取人们的敬畏和毫无保留的服从。换句话说，避免宣扬个人崇拜。

例如，迷信的人可能将催眠看作是上帝在显灵。在领导力方面，某些身体特征通常被看作一个人得到上帝启示的证据。明亮的眼神、凝视的目光，这些会让对方感觉自己的内心受到了审视，是个人魅力的标志。反过来，这些领导者的追随者也会将目光锁在他们身上。另一个能吸引注意力的特质是声音，包括说话的节奏和内容。人的眼睛和声音就像两块磁铁：一块负责吸引追随者，另一块让他们后退一步保持距离。一旦被吸引，倾听者就会屈于老师或领导者的膝下。

04 领导者的个人魅力

有时候,他们甚至会违背自己的理性判断。

■ 激发与引导

我们有必要区分"激发"(evocation)和"引导"(invocation)两个概念。前者是自发产生的,后者是有意识、有目的的行为。个人魅力可以通过多种方式主动地"引导"(而非被动"激发")出来。例如,领导者可以将自己与某个神圣的物体联系起来。亚历山大随身携带一个"神圣的盾牌"——特洛伊雅典娜神庙的盾牌,在战斗中也使用。

> **塞多留——诸神之友**
>
> 在西班牙作战的罗马将军塞多留收到了一只乳白色的小鹿,便将它作为宠物。"渐渐地,"普鲁塔克(Plutarch)写道,"他开始给人一种这个小动物有些神圣且神秘的印象。他宣称这是狄安娜女神送给自己的礼物,拥有向他透露秘密的力量,因为他知道这些野蛮人非常迷信。"有一次,小鹿走失后被人找到,再次与主人团聚,直接跳进了他正在听请愿书的法庭中。这一精心安排的场景产生了理想的效果。"观众先是傻眼了,然后欢呼起来、热烈鼓掌,将他护送回家,"普鲁塔克继续说,

45

高效领导大师班 EFFECTIVE LEADERSHIP MASTERCLASS
全球传奇管理者传授成功的秘诀

> "他们坚信他是诸神的宠儿,拥有超自然的力量,这种信念使他们对未来充满了希望和信心。"

在过去一场战争之前,匈奴王阿提拉(Attila the Hun)手持一把古老的铁剑站在所有部队面前,告诉他们这是祖先曾经崇拜的战争之神。虽然剑神已经消失了,但阿提拉声称,有位牧民沿着血迹跟踪一只受伤的小母牛,看见这把剑立在沙漠中,有如从天而降。而拥有这种超自然武器,使他对野蛮的匈奴部落产生了巨大影响。

阿提拉称自己为"伟大猎手的后裔",而亚历山大不仅宣称自己是赫拉克勒斯的后裔,甚至正是赫拉克勒斯——或至少是某位神——本人。这种说法引起了希腊人的反感。古希腊作家希罗多德(Herodotus)在关于民主、君主制和寡头统治相对优势的最早辩论(写于亚历山大的战争开始之前一个多世纪)中提出,希腊人认为"我们当中任何一个人拥有绝对权力"的时代早已结束。人们普遍认为,君主制既不诱人也不合理。希罗多德写道:"财富和权力让国王误以为自己凌驾于人类之上。"希腊人对自由的追求使他们对国王持谨慎态度,因为宣称自己拥有神圣权力的国王必然会要求他人无条件服从自己,从而会导致人民失去自由。

04 领导者的个人魅力

绝对的忠诚和盲从不仅会破坏平等与自由，也会导致领导力的丧失。获得绝对统治权的国王或政客不再是领导者，色诺芬在关于庄园管理的作品的结论部分明确指出了两者的区别。他承认，杰出的领导者需要有极高的天赋："首先，他一定是个天才。我认为，这种赢得人们自愿服从的力量并不完全来自人本身，更是神赋予的，它是神对真正有智慧之人的一种恩赐。我想，那些对不甘心屈服的臣民实施专制统治、以为自己有资格成为坦塔罗斯[①]的人，据说只能永远待在地狱里，等待第二次死亡。"

■ 有魅力的领导者——亚历山大

也许没有人比亚历山大更有权利被视为魅力十足的领导者，所以他是这一主题最恰当的案例。但从某种意义上说，他也存在不足。在古代人看来，身高与地位密切相关，或许是因为高个子的人在白刃战中更有优势，因此更容易当选为战斗中的领袖。

例如，当先知撒母耳（Samuel）选择扫罗（Saul）为以

[①] 原文为Tantalus，希腊神话中的宙斯之子，因骄傲自大、侮辱众神而被打入地狱。——译者注

色列的第一任国王时，他的唯一标准似乎是扫罗比其他以色列人高出一头。而亚历山大连中等身高都达不到。他第一次坐在居鲁士大帝的宝座上时，仆人不得不用桌子代替脚凳。他接见几位波斯使节时，后者一开始向他身边长得最高的人致敬，并说了一句：米底人①最早推出了男士高跟鞋，为的是让他们的领袖看起来更高。

但是，亚历山大的确具有证明自己领导天赋的身体特征。从肖像上看，他的眼神明亮且坚定。他的表达能力很强，善于用言语煽动人们的情绪。他的热情和精力似乎是无限的。除此之外，他还有皇室血统，且战无不胜，不难让人感到这个年轻人散发出神的光辉。但最重要的是，他具有非凡的领导才能。

在鼓舞和激励士兵方面，我们在历史上很难找到可以超越亚历山大的人。我们可以从他身上的伤口看出他与士兵一起经历的危险。亚历山大有时会提醒他们，他与他们吃相同的食物。他经常在士兵面前出现。例如，在准备攻打泰尔（Tyre）时，士兵们要顶着敌方火力在港口立起一个巨大的石墩，亚历山大一直在现场。他不仅给出指示，也说了很多鼓励的话，并承诺奖励表现出色的人。在后来的进攻中，他

---

① 原文为Medes，早期定居在伊朗西北部高原的雅利安人，与波斯人有血缘关系。——译者注

04 领导者的个人魅力

不仅英勇参战,还关注着在危险面前表现英勇的人。作为将军,亚历山大能够看清战场上的混乱局面,并冷静、有效地采取适当的行动。他有着准确的直觉,在其他人看清之前便能感知形势的变化。

然而,几乎摧毁这支战无不胜的军队的也正是它自己的赫赫战功,有许多失败是成功导致的。连续的胜利使这支军队逐渐成为传奇,年轻的国王(亚历山大穿越达达尼尔海峡时只有22岁)身边围绕着一群谄媚的大臣,不断赞美和奉承他。他们将胜利和征服归功于亚历山大个人的勇气和才华,而不是高素质的军队与亚历山大的领导才能结合起来的结果,这让亚历山大极度膨胀起来。对于领导人来说,居功自傲、不懂得将功劳分给别人是最致命的缺点。

这种膨胀的自我意识在某天晚上受到了质疑,产生了悲剧后果。从希腊出征以来,已经过去六年了。这天,军队在撒马尔罕驻扎,亚历山大和几名军官一起畅饮。这些谄媚者告诉亚历山大,他比自己当天为之征战的诸神,甚至比赫拉克勒斯还要高贵。他们对他说,诸神一定是嫉妒他,才不让他享受应得的神圣荣耀。随行的骑兵司令、亚历山大的好朋友克莱塔斯(Cleitus)实在听不下去了,他与亚历山大一样喝得酩酊大醉,愤怒地反驳着其他人对诸神的侮辱。他说,这些话夸大了亚历山大的成就,而这些都不是靠他一个人实现的;相反,大多数是所有马其顿人共同努力的成果。闻此

49

不悦的年轻的国王在一怒之下将克莱塔斯刺死了。

亚历山大虽然事后对此感到懊悔,但并没有真正吸取教训。这时,他已经成为波斯帝国的统治者,因此波斯宫廷的贵族们也加入了谄媚的队伍,怂恿亚历山大自立为神。波斯和希腊对于领导力文化形式的理解完全不同。在波斯,国王被当作神一样崇拜。亚历山大新征服的这些东方臣民认为,像他这样伟大的征服者不可能不是化成人形的神。

希腊人虽然乐于承认亚历山大声称的自己是赫拉克勒斯后裔的地位,并认为他是个天才,但这些并不能让他们认可亚历山大是神并向他跪拜。他们期待的是一个在所有方面都比他们更优秀的伙伴型领导者,他们想保持平等而理性的交流,而不愿意屈服于暴君的统治。作为希腊人,他们知道要在合适的时机尽量巧妙地向亚历山大表明观点。

最终,在印度的希帕西斯河西岸,他们向亚历山大指出了他对战争的痴迷。岸边是绿色的丛林和大片的平原,而亚历山大已经想象出了印度王子和公主对他俯首帖耳,数不清的红蓝宝石和珍珠呈现在他的面前,以及当地贵族将这片大陆上最勇敢的象群带到他面前的场景……然而,连日阴雨熄灭了士兵继续前进的热情。有些人甚至发誓,即使亚历山大亲自带队,他们也不会再往前走了。

军中的不满情绪传到了亚历山大的耳朵里,于是他将军官们召集起来开会。当他介绍完渡河计划之后,得到的却是

04 领导者的个人魅力

长时间的沉默。最后，勇敢的科埃努斯（Coenus）开口了，他小心翼翼地措辞，向亚历山大道出了实情——将士们都想回家了。"大家已不再贫困，也不再籍籍无名。每个人都很富有，这些财富都是你带领他们赢来的。不要试图带领不愿意跟随你的人，如果他们的心不在此，便永远不会恢复以往的精神或勇气……成功人士必须懂得适可而止。我相信，对于您这样优秀的指挥官和我们这支强大的军队来说，任何军队都不足以抗衡。但请记住，运气是不可预测的，没有人可以提前准备好面对它带来的东西。"

话音刚落，军官们自发地鼓起了掌。亚历山大一气之下将他们解散了。第二天，他对军官们说，他不想对任何人施加压力，但他打算继续前进。接下来的两天，他一直在等将士们改变心意，但他们始终保持沉默。他们对亚历山大的态度感到愤怒，并决定不再让他左右自己。亚历山大以神谕为借口作出了让步。他传出消息，让军队掉头回家，军中一片欢腾。据记载，这是亚历山大唯一的一次失败。

波斯人的方式

亚历山大不断向希腊的军官们施加压力，要求他们臣服于自己，这或许是出于政治原因，而非虚荣心。波斯人发现，如果统治者被臣民视为上帝，那么即使他不在，他们也可以轻松地在庞大的帝国中维护法治。这种个人崇拜有助于在由无数部落和民族组成的帝国中建立忠诚和团结。

然而，大多数希腊军官都拒绝服从：这种行为完全违背了他们的传统。最终，亚历山大妥协了。他虽然接受了波斯人的臣服和跪拜，但他向希腊人保证不会要求他们在自己面前屈膝。为了让他们相信，亚历山大为80名随从安排了一场波斯风格的集体婚礼。他一如既往地以身作则，娶了两个妻子。"亚历山大能够在自己与下属之间建立平等的同志关系，"阿里安写道，"大家都认同，这种行为是他能力的最好证明。"

波斯人面对新的国王会选择臣服，这使他的周围出现了神的光环。希罗多德详细描述了这一点。在米底人逃脱亚述人奴役的时代，有一位叫作狄奥塞斯（Deioces）的米底人，他由于为人公正而被推选为仲裁者，并成了米底第一任国王。狄奥塞斯命令他的臣民为他建造一座宫殿，这座宫殿成了新首都的中心，坐落在最高的山上，周围环绕着七道高墙。

随后，他从臣民的视野中消失了，用新的皇室礼节和严格的规制将自己封闭起来。例如，他严令禁止他人在自己面前大笑或吐口水。"这种严格的规定是为了将他自己与跟他共同成长起来、拥有相同出身和品格的人们隔离开，"希罗

04 领导者的个人魅力

多德写道,"如果这些人可以常常见到他,就有可能产生妒恨,甚至密谋推翻他;但是如果没人能见到他,人们就会以为他是超越人的存在,并迅速传开。"

我们可以看到,波斯人通过在统治者和臣民之间制造距离来营造神的氛围,而希腊人的传统做法是保持领袖和追随者的亲密关系,这两者形成了鲜明对比。希腊领导者只有与人民共患难、吃相同的食物才会受到爱戴。这一原则甚至适用于斯巴达这样由国王领导的希腊城邦。在一种文化中,国家元首隐藏了起来;而在另一种文化中,他与人民打成一片。当然,民主概念的缺点在于,亲密的关系消除了神的概念。如果一个人经常在自己身边出现,人们就不会把他看作神。因此,波斯人采取的方式与领导力的概念是对立的,因为它创造的是统治者,而不是领导者,宣扬国王的神性是它的核心内容。

据说,狄奥塞斯四世的直系后裔居鲁士大帝(Cyrus the Great)是将民众向君主臣服的概念引入波斯的人。顺便说一句,他在要求人民臣服于自己的同时,也对领土上的其他多种宗教(例如,巴比伦对守护神马杜克的崇拜)表现出极大的包容。居鲁士甚至允许流亡到巴比伦的犹太人返回家园,在耶路撒冷重建神庙。因此,他在希腊世界因智慧而闻名,以色诺芬为代表的希腊年轻人也很崇敬他。

拿破仑的魔力

拿破仑·波拿巴或许是历史上唯一一个可与亚历山大匹敌的军事领导者。显然,至少在当时的法国,他具有超凡的个人魅力。尤其他身边的人能感受到他身上的吸引力。例如,在埃及的时候,将军达武(Davout)怒气冲冲地跑到他面前,抱怨他给自己的职位太低。拿破仑跟他聊了一会儿,便将他变成了自己忠实的追随者。从那时起,拿破仑就是他的上帝,达武成了最忠诚的元帅。但一些痛苦的经历,让军官们更加理智地看到了拿破仑性格中愤世嫉俗、以自我为中心和不择手段的一面。"我因为拥护他而自食其果,"英明的元帅拉纳(Lannes)写道,"他只有在需要别人时才会表达出对他们的关心。"但是,拿破仑打造的卓越的集体精神一直存在,马尔蒙(Marmont)元帅退休后写道:"在行进过程中,我们身边围绕着一种热情洋溢的气氛,与我50年前感受到的一样。"

"第32军团愿意为我而死,"拿破仑有一次说,"因为在一次战斗之后我写了一句话:'有第32军团在,我很放心。'语言的力量非常强大。"在滑铁卢大败后,拿破仑退位并打算逃往美国。他到达罗什福尔时,发现英国皇家海军封锁了港口,于是决定向英国投降,并登上了柏勒洛丰号战列舰。有位英国乘客这样形容他:

04 领导者的个人魅力

> 他的皮肤黝黑,似乎是太阳晒的,但我从未见过有人能散发出这么强的气场。他的眼睛是灰色的,眼神颇为犀利,似乎能看透你内心的最深处。他的头发呈深褐色,完全没有变白的迹象。现在看起来,他的外表仍然很帅,所以他年轻时一定极为英俊。他的好奇心很重,在船上看到任何新鲜玩意儿都要询问它的用途,然后认真研究起来。

希腊人非常聪明,尽管亚历山大试图让他们臣服于自己,但在他们眼中,亚历山大的个人魅力仅来自神赐予的领导才能。而波斯人认为,一个伟大的帝国只能由神来统治,这一观点注定在亚历山大的继任者中,随后又在罗马人中流行起来。西欧国家的国王、总统和独裁者在自己的时代也宣扬了这种波斯(或东方)理念,取得了不同程度的成功。

军队中的波斯人数量不断增加,极大地影响到了军中的团结。只有亚历山大出色的个性和领导才能,才可以将希腊人和波斯人这两种完全不同的人集中起来。亚历山大死后,军队便瓦解了,因为一切都太依赖他了。

没有亚历山大,将军们完全失去了方向。几年后,他们试图找回丢失的团结与和平,选择的见面地点是亚历山大旧帐篷里的空王位前。死后的亚历山大与活着的时候一样,是唯一能够将他们团结在一起的人。

也许当亚历山大手下的将军们（现在成了互生嫌隙的继任者）再次站在那个熟悉的帐篷里时，想起了这位年轻的君主躺在病床上的最后时刻。在曲折的回乡之路上，军队到达了巴比伦，距离色诺芬第一次遭遇波斯军队的库那克萨战场不到25英里（约40千米）。亚历山大即将死去的消息在多个民族组成的军队中传开时，老兵们心中充满了悲伤，纷纷冲到市中心想看他一眼。同时，对于没有亚历山大领导的未来，他们也感到迷惘。最后，在一个悲伤的星期二，在巴比伦河边，数千人终于进入了国王的帐篷，看望躺在卧榻上的亚历山大。国王躺在那里说不出话，看着眼前走过的将士们，挣扎着想把头抬高。曾经犀利的眼睛似乎认出了面前经过的每一个人。那时，他只有32岁零8个月。

■ 本章要点：领导者的个人魅力

- 个人魅力是一个人让其他人心甘情愿服从的魔力。拥有个人魅力的领导者能唤起他人的忠诚和热情。
- 与凭借知识、地位或等级获得权威的人相比，拥有个人魅力的领导者可以获得超自然的内在或个人权威。

04 领导者的个人魅力

◉ 作为一种个人力量或影响力,个人魅力甚至有催眠的作用,可以用于好的方面,也可能为邪恶之人所用(参见阿道夫·希特勒的案例,本书第170页)。

◉ 一切领导力都是追随者赋予的。你可以被任命为指挥官或管理者,但只有手下人发自内心地接受时,你才会成为领导者。

◉ 外在表现也可以给个人魅力加分,因为追随者会感应到或者赋予领导者某些超人的才能。有些人可能会通过眼神、外表或举止不自觉地"激发"出这种反应。例如,他们可能拥有洞察一切的眼睛或悦耳的声音;其他人可能会有意地"引导"出这种反应,从而增强对他人的约束,例如将自己与神联系起来。

◉ 获得权力的凡人如何树立威信并发挥个人魅力?波斯人采用的方式(为罗马人和许多其他人所仿效)是在统治者和民众之间制造距离,宣称前者是神,要求民众臣服。

◉ 由于政治原因和个人野心,加上无良谄媚者的煽动,亚历山大在一定程度上采用了波斯的方法。但对于希腊人来说,他不过是一位天赋极高的领袖,是一个与他们共同生活、战斗、吃苦,并一样会死去的人。

> 人类有一个永恒的特征,就是需要一个愿景并积极追随;如果没有合理的愿景,他们将无所适从。
>
> ——理查德·利文斯通爵士(古典语言学者)

05

服务型领导者

你们中间最年长的，应当像最年幼的；
做首领的，应当像服侍人的。

——《路加福音》

我们往往不会把领导者看作仆人，而且一般更看重职位而非职责。我们社会中的领导者比其他人获得的报酬更高，还享受着特权和地位。领导力代表着权力和对他人的统治，这与耶稣在当时的非犹太人和以色列人当中所看到的领导方式没有什么不同：统治者管理臣民，渴望得到他们的服从和认可。

色诺芬始终认为，领导者的核心职责是满足人的需求，这便明确了所有领导者的共同要素——服务。另外，他在现实中也证实了这一点。如果领导者从高高在上的位置走下来，走到人们中间，这一行为就会激发人们的服从意愿。以色诺芬为榜样，并遵循他教导的罗马领导者们发现，这一原则也适用于自己。希腊人和罗马人本质上都是实用主义者。

通过实践，他们不断探索领导力的要素，并在很大程度上身体力行。

同甘共苦

罗马将军马里乌斯（Marius）是按照斯巴达的模式培养起来的。他年轻时曾就职于罗马陆军参谋部，并在北非作战。尽管不算富有，口才也一般，但他对自己充满了信心，而且极为刻苦。普鲁塔克在一本书中介绍了马里乌斯生命中的这段时期，其中他发表了一些有关罗马士兵的评论，既有启发性，又符合实际情况：

那是一场艰苦的战争，但是马里乌斯既不害怕艰巨的任务，也不会因为高傲而拒绝任何渺小的工作。他提出的建议和他的远见卓识使他在同等级别的军官中脱颖而出；同时，他向士兵证明自己能与他们一起吃苦，从而赢得了拥护。确实，当有人愿意分担我们的任务时，我们通常会感到轻松一些，而且不再有被强迫的感觉。罗马士兵最开心的是看到将军与他们一起啃面包，睡在普通的床上，或者跟他们一道挖壕沟或立栅栏。他们所敬仰的指挥官不是与他们共享荣誉和财富的人，而是共同经历患难的人。与放任他们无所事事的军官相比，他们更尊重愿意跟他们一起向前冲的人。

05 服务型领导者

公元前2世纪,马里乌斯负责对罗马军队进行重大改组。他本人曾七次当选执政官,这在罗马历史上绝无仅有。但他不是政治领袖。虽然多次胜利已经为他赢得了巨大的声誉,但在参议院遭到诘问时,他表现得很怯懦。当他站起来面对人群讲话时,他在战斗中表现出的坚定和果敢似乎都消失了,即使是最普通的夸奖或批评,他也无法应付。显然,他无法将军事指挥风格转移到政治领域,而在这里,民众同样需要一位领导者。马里乌斯70岁掌握了最高权力后,他原本严苛的本性使他变得野蛮,且有极强的报复心。他让罗马人第一次尝到了暴政的味道。后世的人们正是由于担心再次经历这种暴政,才将恺撒大帝暗杀了。

你可以看到,天然的领导力中最深层的缺陷往往是傲慢自大。傲慢的根源在于膨胀的自负心理,使拥有领导地位的人以一种过于独断专行、专横霸道的方式做事。这种支配一切的行为,往往来自真实或自以为是的优越地位。由于过分的自我意识以及对财富、地位、学习能力或成就过于骄傲,傲慢之人往往会攫取超出合理范围的权力。

早在公元前4世纪,中国思想家老子便提出了针对狂妄自大的统治者的解决方法(耶稣也提出过类似的观点)。在前几个世纪,这些东方解药可能无法十分有效地治疗傲慢这种病,但如今,人们已开始重视它们的价值。老子和耶稣提出的领导力概念中,明显没有咄咄逼人的虚荣心或妄自尊大。

相反，他们认为领导者应该放低自己的位置，突出其他人的贡献。

■ 老子的学说

老子是楚国人。除了与老子的名字有关的传说以外，我们对他几乎一无所知。他似乎在朝廷内辅佐过一位君主，后来归隐山林。甚至连他的《道德经》在后世也遭到大幅修改，导致一些学者怀疑老子这个人是否真的存在过。为了填补关于老子的知识空白，人们便将早些时候的中国神话中的各种人物事件归在了他的身上。

在早期，基督教曾被称为"the way"，正是中文中的"道"。老子提出的"道"很难描述得清楚。它本质上是"天道"，即自然创造万物的规律、过程或方式。

对于以老子为代表的道家流派来说，所有人和事都是由相互间的关系来定义的。如果顺其自然，所有事件都会走向和谐。如果一个人直观地体会自然界中的这种能量，并巧妙地利用自然现象，他便遵循了"道"。

老子曾说："道法自然。"生活的艺术更像驾驶一条船，而不是与对手搏斗。老子的作品中出现了大量关于水的意象，包括流动或静止的水，以及清澈的池塘。它代表了"自然"，是一种自发的现象。每个事物都独立地成长和运行，但又与其他事物保持和谐。

从这种对自然的感知中，老子总结出了"无为"的原则，也就是不强求。顺应四季、顺势而为、随波逐流、顺风使舵、顺水行舟，这些都反映了"无为"的精神。

如果遵循"道"的人能够了解人性、人类社会和自然规律的原理、结构或趋势，他就不会耗费精力去应对它。当他在恰当的时机发挥自己的力量，这种努力将产生自然的效果。老子将这种毫不费力的行为称为"气"。现在的柔道就遵循了这种原则：如果对手失去平衡或动作过大，你用最小的力气就可以将他放倒。

"无为"还有更高等形式，即不专门针对任何东西。人在做事时不会追求结果，行为只是内心的一种表现。老子说："功成而不名有。"他称其为"德"，意思接近于"权力"或"品德"。它是一个人内在的东西，通过遵循"道"来增强，或者说"唯道是从"。

道家的另一位思想家庄子曾这样描述："至德之世，不尚贤，不使能，上如标枝，民如野鹿……相爱而不知以为仁，实而不知以为忠。"

领导力中的"道"

倡导自发、无意识地做事，而不考虑自己的行为是否会影响他人对自己的看法，这正是老子与耶稣之间的共同点。人们有为了炫耀或者为了外界事物而做出某种行为的自由，它源于人们对物体沿着自然的水路流入海洋的必然性以及自然导向力量的直观认识。

"善为士者不武。"老子写道。当苏格拉底对一位年轻的骑兵指挥官说，这个职位不意味着他要冲在最前面（应将这种荣耀留给冲锋兵）时，应该也是这个意思。但是老子提出了不同的观点，他认为，遵循"道"的领导者不必统治别人或抢先获得荣誉。因此，圣人（老子口中具有一切优秀品质的统治者）的行为仅仅用于反映"自然"，因为道"生而不有"。

这种拒绝主宰或支配别人的观点与耶稣类似，它要求人适应所有事物——花鸟鱼虫、山川河海——以及同类。圣人的力量或品德决定了他不需要使用武力，这类似于耶稣所提倡的"谦和"（meekness）。

对所有事物保持谦卑的一个表现就是保持沉默。中国有一句谚语："沉默是金。"这里有一个矛盾，因为希腊和罗马的传统颂扬了演讲在领导中的作用。对于需要用道理来说服臣民的希腊领导者来说，说话才是"金"。但聆听也很重要，如果领导者说个不停，他就很难听见别人的意见。

> **吴起大将军**
>
> 有一段关于吴起大将军的文献记载："起之为将，与士卒最下者同衣食，卧不设席，行不骑乘，亲裹赢粮，与士卒分劳苦。卒有病疽者，起为吮之。卒母闻而哭之。人曰：'子，卒也，而将军自吮其疽，何哭为？'母曰：'非然也。往年吴公吮其父，其父战不还踵，遂死于敌。吴公今又吮其子，妾不知其死所矣，是以哭之。'"
>
> "视卒如婴儿，故可与之赴深溪；视卒如爱子，故可与之俱死。厚而不能使，爱而不能令，乱而不能治，譬若骄子，不可用也。"
>
> ——《孙子兵法》

老子理想中的领导者应该是谦卑的，既不独断专行，也不长篇大论。用圣保罗的话说，他"不为自己谋利"，不去思考是否有回报，而是全心付出。老子曾写道：

圣人处无为之事，行不言之教。万物作焉而不辞，生而不有，为而不恃，功成而弗居。夫唯弗居，是以不去。

是以圣人后其身而身先，外其身而身存。非以其无私耶？故能成其私。

老子多次在文中提到水的概念。"上善若水，"他写道，"水善利万物而不争，处众人之所恶，故几于道。"从这个角度看，水象征的是卑微、屈服、谦卑和不显眼的物体，它会找到最低的地方停下来，并安居于此。从山坡上下来流入山谷的水会沾染各种污物，但它可以自我净化。这个生动的画面让我们想起了耶稣为他的跟随者施洗，或者拿毛巾和一盆水，跪下来为门徒洗脚的场景。老子写道：

江海所以能为百谷王者，以其善下之，故能为百谷王。是以欲上民，必以言下之；欲先民，必以身后之。是以圣人处上而民不重，处前而民不害。是以天下乐推而不厌。以其不争，故天下莫能与之争。

如果把老子的思想放在历史背景下，可能会有不同的解读。或许在公元前5世纪的中国，几乎不作为的统治者是最擅长维护传统社会的人。举个例子，老子从未提出明智的统治者应该教导他的臣民。但是，圣人和诗人的思想广为流传，其中蕴含的真理已经不局限于当时的社会背景。以领导

05 服务型领导者

力为例,老子曾说:

> 太上,不知有之;其次,亲而誉之;其次,畏之;其次,侮之。信不足也,有不信焉。悠兮,其贵言。功成事遂,百姓皆谓我自然。

在老子看来,统治者的某些欲望会给人民带来困扰。如果领导者缺乏信念或诚信,人民也很难拥有它。"没有不努力的学生,只有不称职的老师。"这个原则与道家的精神非常吻合。还有一句类似的军事格言:"没有不合格的士兵,只有不称职的军官。"这些话要求领导者在对别人吹毛求疵之前先好好审视自己。

如何看待服务型领导者

谦卑和谦虚都不是希腊人所提倡的美德,尽管这两点在苏格拉底身上都有体现。与色诺芬相反,亚里士多德和后来的罗马人似乎都认为,从定义上看,奴隶在思想和精神上都比自由人低一等。当斯巴达克斯的奴隶揭竿而起并多次打败罗马军队后,罗马人才明白这种观点是错误的。谦逊的领导者与希腊人对个人荣耀和成就的渴望背道而驰。

例如，色诺芬写下了波斯远征的经历，主要是为了确保自己作为领导者的功绩不被掩埋。而在其他指挥官写的回忆录中，他们自己的功劳则远远大于色诺芬。

有证据表明，希腊和罗马时代有一种务实的作风，即使在军队这种等级分明的组织中，士兵们也更加拥护愿意走到他们中间来、与他们同吃同睡、同甘共苦的军官。可以说，这些军官只有在放弃职位的"外衣"，仅仅凭借自己的知识和人格权威实施管理时，才拥有最大的权力。

领导力最崇高的精神就是人文精神。这种无法言喻的精神包含了为了共同的利益而超越自我，甚至献出生命的力量。人类的这种精神力量确实会使领导者产生出一种类似于谦卑的感受：它有助于增进尊重、信任和关爱。这样的领导者会把领导力本身视为一种特权，而不是获得特权的通行证。

谦卑——伟大领导者的检验标准

我认为，检验一个人是否真正伟大的第一个标准是"谦卑"。我所说的"谦卑"并不是怀疑自己的能力，或者在表达观点时犹疑不决，而是正确理解自己的言行和其他人的言行之间的关系。所有的伟人不仅精通自己的专业，而且知道自己很精通；他们的想法不仅是正确的，

05 服务型领导者

> 他们也知道自己是正确的。只不过,他们并不会因此而洋洋得意。阿诺尔夫(Arnolfo)知道自己可以在佛罗伦萨建造一个漂亮的圆顶;阿尔布雷特·丢勒(Albrecht Durer)在给他的作品挑刺的一个人回信时清楚地写道:"它不会比现在更好了。"艾萨克·牛顿知道自己解决了一两个其他人解不出来的问题……但他并不会因此而要求别人崇拜自己。他们对不掌握权力这件事相当不敏感,这令人意外。他们认为伟大可以通过权力来实现,但不存在于权力之中;他们只会按照上帝的旨意来行事。另外,他们可以从其他人身上看到神性,或上帝的痕迹,因此能够表现出无休止的、令人难以置信,甚至匪夷所思的仁慈。
>
> ——约翰·拉斯金 [引自《现代画家》(1843)]

老子的传统印证了这一观点。领导者能体会到权力在集体和个人身上发挥作用:他像木匠对待木头的纹理一样运用这些权力;像出色的手艺人或艺术家一样,在原材料面前保持谦卑。这种谦卑还使他在成功面前向后退,因为他知道,所有成果都离不开团队的力量,而他只是负责提供指引和服务。"功成事遂,百姓皆谓我自然。"

当然,其中的困难之处在于,领导者的自信程度往往高于平均水平。他们具有很强的个性。但这并不意味着领导者一定以自我为中心或自私自利：有些是，但有些不是。然而，大多数领导者确实很难成为老子或耶稣所要求的谦卑之人，个性太强的领导者带出来的团队可能不够强大。

没有人愿意汲取这个教训。例如，与"谦卑"（humble）、"谦逊"（lowly）或"谦和"（meek）相比，英国人更喜欢"谦虚"（modest）这个由来已久的词，它指的是接受自己的局限。

"谦卑"并非要求人们放弃尊严，而是以一种尊严代替另一种尊严——为自己不骄傲而感到骄傲。它指的是对自己有正确的判断。这是真正伟大的一个体现，因为伟大之人往往认为自己的使命是帮助别人变得伟大，而非居功自傲。以色列前总理戈尔达·梅厄（Golda Meir）曾对一位同事说，她还没有伟大到可以表现得谦卑的程度！虚假的谦虚和自我贬低不一定是伟大的反面，而更可能是傲慢的表现。瑞典外交官、前联合国秘书长达格·哈马舍尔德（Dag Hammarskjold）曾写道："谦卑并不是自我贬低，而是自我吹嘘。"当瓦奥莱特·伯翰·卡特夫人指责英国前首相温斯顿·丘吉尔过于骄傲时，后者回应道："我可能是条小虫，但我相信我是发光的小虫！"

05 服务型领导者

■ 日本的贡献

从这个角度观察日本社会，我们可以了解到领导力的服务本质以及伴随其间的谦卑。例如，英国最杰出的陶工伯纳德·里奇（Bernard Leach）曾经受教于日本著名陶工滨田（Hamada）。与西方陶艺家不同，滨田从不在作品上署名，因为他不想凸显个人。这关系到的不是签名本身，而是行为的正直。"我们的目标已经不再是作品和制作过程，"伯纳德·里奇说，"而是在需求不断扩展和变化的世界中保持谦卑。"很久之后，里奇在著名的陶器之乡益子（Mashiko）看到了滨田。欧美多地曾邀请这位著名的陶艺家前去教学，但他仍选择留在日本继续制陶坯。他做这份卑微的工作，一方面是让别人因为他的高超技术而认可他，另一方面是为了抛弃所有伪装和私欲。他将这种做法称为"甩掉累赘"。

虽然不是道家思想的信徒，但日本人仍然体现了以老子为代表的东方思想。老子写道："善用人者为之下。"从日本人的行为来看，他们的领导风格比西方更加谦卑。日本重视团队多于个人，这使领导者在一定程度上产生了谦卑感。

团队至上

在1895年的中日战争期间，日本鱼雷艇在威海卫对

> 中国舰船发动了一次大胆而成功的袭击。
>
> "参加这次袭击的日本军官不会强调自己的功劳。有一次，我见到其中一位军官，问起了这场行动。'哦，是的，'他说，'我当时在场。那天晚上很冷。'
>
> "后来，我从另一位军官那里得知，他正是率舰队击沉了'定远号'的人。'但是，'我的线人补充说，'他不会告诉你的，你也不要问他。所有人都做得很好；有些人很幸运，有些人没那么幸运。既然每个人都很出色，大家一致同意以后不要再提起了，不要说谁做了什么，因为所有人都同样值得表扬。'"
>
> ——弗雷德里克·杰恩［引自《日本帝国海军》(1904)］

20世纪，日本的管理者大多与工作人员穿同样的制服、在同一个食堂吃饭。日本管理者经常做一些底层工作，例如扫地或清理厕所。这是一种几乎被人遗忘的素质，它深深根植于全球领导力的传统中。

本章要点：服务型领导者

● 领导力的服务层面强调三个需求领域（任务、团队和个人，而非职位、等级或特权）的责任。服务型领导者强调的是与人平等相处,而非凌驾于他人之上。

⦿ 困扰领导者的一大威胁——个人自信过度膨胀的结果——是傲慢;过度的优越感往往伴随着自以为是、专横和独裁。傲慢的反面是谦卑。

⦿ 老子的学说将领导力置于和谐与整体的自然之"道"中。不要强求——一切顺其自然。领导力存在于你的内心,你在践行领导力时要放弃自我意识、骄傲或炫耀。你可以拥有一切,但不能主宰它们。

⦿ 矛盾的是,"聆听"和"沉默"往往是领导者的标志。"人们只有愿意隐居幕后才能放松地出现在公众面前,"中世纪基督教作家托马斯·肯皮斯(Thomas Kempis)说,"不愿意保持沉默的人无法好好说话,没学会服从的人无法有效地指挥别人。"

⦿ 同样矛盾的是,将自己置于幕后、让人们说"我自然"的领导经常会冲在前面。"但是你推动了变革。"人们认真思考后会说。优雅地接受适当的认可是谦逊的表现,而面对表扬时表现出虚伪的尴尬则体现出一个人的高傲。

表现出谦虚的永远是有安全感的人。

——G. K. 切斯特顿(英国作家)

06

纳尔逊的领导天赋

> 在这个领域，
> 我从未见过像纳尔逊一样拥有魔力的人，
> 他能够将激励自己的精神传递给其他人。
> ——圣文森特上将（引自《写给纳尔逊的信》）

或许每个国家历史上都出现过一两个具有领导才能的人。霍雷肖·纳尔逊（Horatio Nelson）便是其中一位，他的领导风格非常突出。他生活在18世纪晚期，就职于英国皇家海军。纳尔逊和其他有天赋的领导者一样，才能超越了他所处的时代和军事环境。对领导力感兴趣的英国人都会以纳尔逊为研究对象。

纳尔逊几乎具备本书中提到的所有核心领导能力。他具有知识和人格权威，还有级别和地位。他给出了明确的指示，组建了团队，还表现出对个人的关怀。随着事业的发展，他展现出了作为伟大领导者的另一个天赋——激发人的

06 纳尔逊的领导天赋

最大潜力。因此,他的事迹值得我们好好研究。

■ 早年生活

纳尔逊出身低微。他的父亲是诺福克的乡村牧师,有11个孩子。他的祖父也是一位牧师,曾在伊顿公学和剑桥大学的伊曼纽尔学院接受教育,娶了剑桥贝迪克里（Petty Cury）一个屠夫的女儿。他的母亲是沃尔波（Walpole）家族的亲戚,她和沃尔波家族保持着联系,但与萨克林（Suckling）家族的关系更密切。

当西班牙逼近马尔维纳斯群岛时,霍雷肖的叔叔莫里斯·萨克林船长正准备出海,他邀请纳尔逊家族的一位侄子陪伴他;作为两个侄子中较年轻的一个,霍雷肖谈吐得体、举止优雅,欣然接受了叔叔的邀请。他以准少尉的身份和萨克林一起朝着西印度群岛航行,途经北极,最后抵达东印度群岛,到了那里他却发烧了。

在乘坐"海豚"号返回英国的途中（这次航行持续了六个多月）,纳尔逊出现了严重的抑郁症,首先是发烧引起的,后来因为前景不明而进一步加重。在船长无微不至的照顾下,他的健康恢复了,精神也好了起来。纳尔逊似乎看到了一个明亮的球体在吸引他。"我心中突然燃起了爱国主义的热情,"他后来对军官们说,"我的国王和国家是我服务的对象。我对这个想法感到兴奋。'好的,那么,'我大声喊道,'我将成为英雄,我向上帝起誓,我将勇敢地面对每一次危险。'"

纳尔逊在萨克林船长的支持下迅速位居高职。他的野心极大,他不仅能引起关键人物的注意,还能与大多数上级建立良好的关系,又不至于表现得卑躬屈膝。到了21岁时,他成为一艘载有32门大炮的护卫舰的舰长。后来,他在英国海滩上拿着一半的薪水苦等作战的机会,忍受了整整五年。像亚历山大一样,纳尔逊也渴望战斗,他渴望出名,以及胜利带来的一切荣誉。

考虑到纳尔逊从未参加过一场大规模海上作战,他的不耐烦就很容易理解了。1793年,他终于不用继续待在陆地上——他被任命为载有64门大炮的"阿加门农"号(Agamemnon)战列舰舰长,接受胡德勋爵(Lord Hood)的指挥。两天后,英国向法国宣战。这个新的任命让他一夜成名,也使他在特内里费岛失去了右臂;从1798年开始——在阿布基尔湾海战之后——他成了无人不知的将军。

如果换成别人,可能很难接受自己有这么高的知名度,但纳尔逊很享受这一点,他沉浸在英国人民崇拜的目光下。阿布基尔湾的那场战争给他的眉毛上方留下了一道难看的疤痕(艾玛·汉密尔顿夫人后来教他用头发遮盖),这让他更

06 纳尔逊的领导天赋

加享受自己的胜利成果。后来,他在科西嘉岛失去了右眼,剩下一只眼睛的视力也逐渐下降。

■ 传奇的一生

纳尔逊不断打造着自己的传奇。他掌握了公共关系的技巧,并运用到实践中。海战以后,他记录下自己的战果,并安排立刻将这些内容泄露给媒体,要求改为第三人称,让人感觉这是出自他人之手。他找人为自己画肖像。他的一位导师——脾气暴躁且年事已高的圣文森特勋爵告诉几位女士,纳尔逊是个"愚蠢的小人物,坐在伦敦的每一个艺术家面前"(纳尔逊的身高约有1.58米)。不久后,纳尔逊的肖像出现在各个地方:纪念品水壶和杯子、爱国主题手巾和客栈标牌,无处不在。雅茅斯的"摔跤手旅社"①老板娘问纳尔逊,自己是否可以将旅社改名为"纳尔逊臂膀"②,他笑着回答说:"这太荒唐了,毕竟我只有一条胳膊!"

人们很难忘记与纳尔逊的第一次见面。在胡德上将率领

---

① 原文为Wrestlers Inn。——译者注
② 原文为Nelson Arms,其中"arms"意为"双臂"。——译者注

的"巴弗勒"号舰船上，威廉王子（当时国王的儿子，英国后来的"水手国王"）见到了当时只有23岁、担任护卫舰舰长的纳尔逊。他的出现让王子呆住了。当时王子是船上的准少尉，他回忆道："这时'阿尔伯马尔'号舰长纳尔逊走了过来。我见过很多舰长，而他只不过是个小男孩：他的着装也很引人注目。他穿着一套完整的制服：他那凌乱的长发随意地扎着；背心上的老式花纹衬托了他古怪的气质，让我深深为之着迷；我从未见过类似的人，也想象不出他是谁，更不了解他的成就。但是当胡德勋爵将我引荐给他时，我的疑虑就打消了。他的着装和谈吐有一种令人无法抗拒的魅力；他在谈论专业话题时也表现出极大的热情，表明他并非普通人。"

"年轻"和"热情"一直是纳尔逊的两大标志。但到了晚年，他的沙灰色头发几乎变白了，他的脸庞由于饱经风霜看起来比实际年龄苍老得多。纳尔逊改善了自己的着装风格。在后来的生活中，他始终穿着蓝色海军制服，上面佩戴金肩章和他的四个骑士勋章，其中两个勋章的绸带，以及圣文森特角海战和尼罗河河口海战后授予所有舰长的金牌。

06 纳尔逊的领导天赋

纳尔逊与惠灵顿

纳尔逊想展现自己不为人知的一面。在他与未来的惠灵顿公爵、当时的亚瑟·威尔斯利爵士（Sir Arthur Wellesley）偶然的会面中发生了一个经典的事件。那是在1805年9月，纳尔逊最后一次离开英格兰之前。惠灵顿比纳尔逊小11岁，但36岁的他在印度已经获得了极大的声誉。他在欧洲获得了一系列胜利，在滑铁卢达到了顶峰。

"在不同的环境中，纳尔逊勋爵会变成完全不同的两种人，"惠灵顿后来说，"我只见过他一次，见了差不多一个小时。当时我刚从印度回来不久，来到唐宁街的殖民地办事处拜访国务卿，被工作人员带到右侧的一间小等候室里，在那里我看到另一个人。从与照片的相似度和失去一条胳膊上，我立即认出了他是纳尔逊勋爵。他没有认出我，但立刻和我交谈起来，如果那也算交谈的话，因为几乎都是他一个人在说，还都是关于他自己的，而且谈话内容如此虚荣和愚蠢，令我感到惊讶和有些厌恶。

"我想，可能是我说过的一些话让他猜到我并非普通人。于是他离开了房间一会儿，我相信他一定是去问工作人员我是谁，因为他回来时变成了一个完全不同的人，无论是举止还是谈话内容。原本那个自吹自擂的样子彻底消失了，他以一种非常理性的态度谈起了国家的

> 现状，以及欧洲大陆事务的某些方面及未来趋势。他对国内外的情况都很了解，这与他前一种状态一样令我感到惊讶，但这一次是积极的。事实上，他讲起话来很有军官和政治家的派头。
>
> "国务卿让我们等了很长时间，而且我从未比那一小时的后面45分钟更加享受过与人的交谈。如果国务卿准时在前15分钟之内接见了纳尔逊，那么我可能像其他人一样，以为他是一个轻浮而琐碎的人。但幸运的是，我见到了他的另一面，并发现他真的是一个非常优秀的人。当然，他的前后变化如此突然和彻底，也是我从未见过的。"

在与法国的长期战争中，英国一度受到拿破仑大军入侵的威胁，这个国家需要一位救世主。事实上，它得到了两位——惠灵顿和纳尔逊。这两人拥有完全不同的背景和个性。

惠灵顿出身贵族。他为人清高，且毫不关心别人对他的看法或感受，尤其是出身低微的人。他有极强的自我控制能力，甚至不苟言笑。惠灵顿获得了胜利，也赢得了尊重，但他赢得了人心吗？惠灵顿似乎总是和与他一样穿着红色制服、佩戴金色肩章的军官们在一起，却离普通士兵非常远，

06 纳尔逊的领导天赋

他将后者视为社会的败类,有一次甚至称他们为"地球上的渣滓"。他补充说,是英国军队把这些人培养成了优秀的士兵。"老大鼻子"①由于战果丰硕,且在军队中管理有方、纪律严明而赢得了人们的爱戴,但他始终是指挥官,而不是领导者。

有陌生人在场时,纳尔逊虽然偶尔会吹嘘自己,但一般很少说话。他不喜欢任何形式的公开演讲。在朋友身边,他会用朴素而真诚的方式聊天,脸上洋溢着兴奋。他的一个侄子说:"他是同一张桌上最后一个发言的人,他绝对不会讲述自己的英雄事迹,我从来没有听到过他主动向任何人提起他一生中的伟大行动。"

前文引用的惠灵顿的话表明,纳尔逊可以迅速转换状态。虚荣和谦虚为他赢得了地位。纳尔逊渴望荣耀和声望的野心与他在上帝(他每天早晚向上帝祈祷)和战友面前的谦卑产生了冲突。他手下的船长亚历山大·鲍尔爵士(Sir Alexander Ball)提到过,在尼罗河河口海战之后,他和其他船长一道找来一位艺术家为纳尔逊画肖像。这位艺术家迟迟没有落笔,最后承认这项工作超出了他的能力。"纳尔逊勋爵的脸上同时存在谦逊和野心,"他说,"我不敢冒险尝试。"

---

① 原文为 Old Nosey,士兵给惠灵顿取的外号。——译者注

高效领导大师班 *EFFECTIVE LEADERSHIP MASTER CLASS*

全球传奇管理者传授成功的秘诀

▎完成任务

纳尔逊在地中海与法国人的一次交战之后兴高采烈地写道:"没有什么可以阻碍英国船员的勇气。"纳尔逊是个勇于冲锋陷阵的人,他在童年时代就证明自己毫无畏惧。我们前面提到,他对战斗有极大的渴望,这一点与亚历山大非常相似。他似乎毫不畏惧艰险。运气加上同僚及手下的英勇无畏帮助他一次次获得胜利——至少在特拉法加海战以前。1797年,他带领13名船员在加的斯袭击了一条载有30名船员的西班牙船只。双方刀枪相向。舵手约翰·塞克斯(John Sykes)用匕首两次救了纳尔逊的命;第三次他扑向前,头上替纳尔逊挨了一刀。"我们都看到了,"一个船员写道,"我们见证了这一英勇的行为,于是发出了复仇的呐喊声,并进行了反击。我们杀掉了18个西班牙人,然后登上了他们的船,船上的人非死即伤。'塞克斯,'纳尔逊将这个勇敢的人抱在怀里,'我不会忘记这一切的。'但这位受伤的战友只是看着他的脸,笑着说:'感谢上帝,先生,你是安全的。'"

1797年7月25日,纳尔逊在对圣克鲁斯发动攻击期间,他的右肘被击碎。在没有麻醉的情况下被截肢是一种痛苦的折磨,但是据一位目击者说,纳尔逊"坚强而勇敢地"忍了

06 纳尔逊的领导天赋

下来。

有一句谚语:"权威来自于你所掌握的知识。"纳尔逊12岁开始出海,只在三所学校短暂地念过一些书,几乎没有接受过正规教育,但他在海上如饥似渴地读书。他通过自学掌握了专业知识,并在19岁时获得了中尉资格,比法定年龄早了一年(他的导师萨克林船长是考官,或许也有帮助)。"我是你的学生,"纳尔逊在写给威廉·洛克尔("洛斯托夫特"号巡防舰舰长,纳尔逊曾在上面担任中尉)的信中说,"是你教会我与法国人相处,而我唯一的优点就是善于学习。"

在海战期间,通常有两列长长的挂着白帆的舰队平行前进,以方便从侧面攻击对方。纳尔逊凭借自己的才华和想象力改变了战斗方式,他花了很多时间仔细研究如何最大效率地利用这些"灰鹅"(他对心爱的战列舰的称呼)。在圣文森特角附近,他自信和灵活的头脑使他放弃了传统战术:他将"舰长"号战列舰从队伍中驶出来,直接冲向敌方的领头战舰。在尼罗河河口海战期间,纳尔逊出其不意地袭击了法国舰队的陆地锚,因为敌方没有启用附近的大炮。在特拉法加,他率领两支舰队从直角方向攻击了法国舰队。"你觉得怎么样?"他与手下的一位舰长在他的梅顿庄园散步时询问对方,纳尔逊在他们离开英国前向他解释了作战计划。"当时我觉得这个问题需要思考一下,所以没吭声,"济慈船长回忆道，"看到这个，他说：'但我会告诉你我的看法。敌人会吓一跳，而且相当困惑！他们不会知道我要做什么。该计划将带来一场混战，这就是我想要的。'"

纳尔逊特别善于向军官介绍自己的想法和计划。他在特拉法加海战之前加入了驶向加的斯的舰队，之后，在他的生日（9月29日）当天，他在"胜利"号上的特等舱内举办了宴会，招待15名指挥官，第二天又招待了另外15人。"我相信，他们会非常欢迎我，不仅是指挥官们，还包括在场的所有人，"他在写给汉密尔顿夫人的信中说，"我开始解释'纳尔逊战法'（纳尔逊迷惑敌人的战术），对他们来说有如一道惊雷，有人落下了泪，所有人都表示支持：'这是个新想法！''真是与众不同！''这个办法真简单！'从上将至以下各级都在重复一句话：'这个方法定能成功，他们将坐以待毙。先生，你周围的人都支持你，你激发了他们的信心。'"

和谐的缔造者

纳尔逊凭借自己的领导力激发了人们的信心，又创造出了和谐的氛围。无论是在一艘军舰、一支中队还是一整支舰队中，他都证明了自己在团队建设方面的天赋。他首先对

06 纳尔逊的领导天赋

其他军官和海员给出了极高的评价。他信任他们,他们也下定决心不让他失望。尼罗河海战结束几个月后,豪威勋爵在给纳尔逊的贺信中说,他认为每一位舰长都认真履行了自己的职责,这一点值得赞赏。他补充说,在他长长的战斗生涯中,这种情况并不常见。纳尔逊回答道:"我很开心能有这样一群兄弟,有他们在,夜晚对我有利。每个人都知道自己该做什么,而且我相信他们都在寻找法国军舰。"

这种在所到之处营造和谐气氛的天赋延伸到了军队底层。他在维持纪律方面有自己的一套中庸之道。有些海军指挥官依靠恐吓和体罚维持纪律,这种残酷的手段经常引起士兵的不满,甚至造成哗变。严格奉行纪律、缺乏想象力的威廉王子在纳尔逊手下管理一条战舰时,相当不讲情面:有一次,一位来访的德国记者发表的言论令他不悦,于是他下令鞭打这个人。纳尔逊从不使用这种残酷的手段。有一次在西印度群岛,他力排众议,将一个叫作"能干的水手"威廉·克拉克(Able Seaman William Clerk)的逃兵从绞刑架上救了下来。纳尔逊有权延缓军事法庭的判决,但没有权力赦免或释放这个人,而他这两点都做到了。老派的圣文森特勋爵评论道:"在这种情况下,我会采取严厉的手段,但他作出了不同的选择。"

一旦船员们齐心协力且培养正确的精神,纳尔逊就会真心实意地对待他们。"没有人不愿意待在我的船上,"他指的是"阿伽门农"号战列舰,"他们有强烈的集体意识。"他放弃了统领一艘更大的战舰的机会,只想待在"我待过的最好的军舰"上。西班牙不情愿地与英国结盟时,纳尔逊对位于加的斯的西班牙舰队进行了一次友好访问。"船非常好,但人员实在一般。"他给出了专业评价。"西班牙人可以造出很好的船,"他评论道,"但是不擅长用人。"相反,以惠灵顿的军队为代表的皇家海军可以将资质平平,甚至毫无动力的一群人培养成优秀的战士。"我的船员们,"他有一次写信给妻子说,"现在具备了英国船员应该有的样子……他们几乎战无不胜,毫不惧怕敌人的炮火。"

纳尔逊曾告诉一位朋友,在尼罗河河口那场战役中,他的大胆计划离不开舰长和船员的出色能力。如果不信任手下人,他就不会冒险发动进攻——虽然空间很有限,但他确信每个人都会找到一个洞钻进去。"一看到法国舰队,"纳尔逊补充道,"我就忍不住偶尔抬头向窗外看看(虽然我牙疼得要命)。有一次,我正在观察敌方的位置时,有两位船员在我旁边蹲下来,其中一个人对另一个人说:'去他们的,看看这些人。他们就在那儿,杰克,如果我们不打他们,他们就会来打我们。'我了解手下人,所以率领几艘船开始发动攻击,我深信其他人会跟上我。虽然天快黑了,他们完全有借口不这样做,但他们在两小时内便各就各位了。"

06 纳尔逊的领导天赋

■ 满足个人需求

纳尔逊在诺福克一个乡村教区的早期生活教会了他关心别人。例如，他会给有需要的人提供慷慨的资金援助。作家托马斯·艾略特爵士（Sir Thomas Elyot）所期待的英国官员或领导人应该具备的慷慨大方，在纳尔逊身上有非常明显的体现。他是一个重情义的人，特别是对孩子，例如对他最小的妹妹凯特，或者他未来妻子的五岁儿子。她的一个朋友看到这位"让所有人都畏惧的小个子男人"与小约西亚一起在餐桌下玩耍时，感到非常惊讶。

与当时所有优秀的海军军官一样，纳尔逊也非常关心船员们的物质需求，有一次他自掏腰包为船员购买了50条毯子。他要求保持船员宿舍通风良好，并尽量干燥。他鼓励大家唱歌跳舞，以及任何其他有助于维持士气的活动。他为船员们发放《圣经》和其他基督教作品。但这些行为仍然不足以证明他对船员们的非凡影响，因为这与他的个性和魅力有更大关系。

> **为他人着想**
>
> 色诺芬写道："你要记住，所有那些你期望服从你

> 的人，都希望你能为他们着想。"优秀的领导者会始终坚持这一原则。
>
> 　　1801年，拉尔夫·阿伯克龙比将军（Ralph Abercrombie）在阿布基尔湾海战中身负重伤，被抬了回来，头下枕着一条叠起来的毯子。"这是什么？"将军问道。"只是士兵的一条毯子。"一位军官回答。"只是士兵的一条毯子？！"将军大喊，"士兵不能没有毯子，你必须告诉我这条毯子是谁的，然后把它还回去。"
>
> 　　"上帝保佑您。"将军被抬走时，士兵们大喊道。但不久后，将军就死了。

■ 船员的反应

　　除了不断高涨的声誉，船员们还因为纳尔逊的人文关怀和同志情谊而爱戴他。在阿布基尔湾，一枚铁片击中了纳尔逊眼睛上方的额头，露出了白色的骨头，皮肤挂在脸上。他被带到船舱内，以为自己必死无疑，因为不断涌出来的血糊住了他的眼睛。尽管疼痛难忍，但当医生为了给他包扎伤口而离开了另一位受伤的船员时，纳尔逊阻止了他："不行，"他说，"我要排在这位勇敢的战友后面。"

　　纳尔逊卸任中尉一职时，"洛斯托夫特"号的船员们给

06 纳尔逊的领导天赋

他赠送了这艘护卫舰的象牙模型，里面装满了多米诺骨牌。后来，这个模型始终摆在纳尔逊的小屋里，它象征着"勇敢的战友们"对他的爱。在圣文森特角第一次取得重大胜利后，纳尔逊在一封信的附言中补充了一件事：在他们俘虏的"圣约瑟夫"号船上，有位船员走过来，兴奋地握着他的手说，"见到你真的很开心"。

据"北风神"号上的一名军官回忆，舰长纳尔逊将船员们称为自己的孩子。他从不斥责胆小的人，并始终让他们知道，他不会要求他们做连他自己都不会做的事。"我记得他有一次说，'先生，我要冲到桅杆顶上去，我希望能在上面见到你。'"这位军官补充道，纳尔逊似乎根本没有注意到他这个缺乏攀爬勇气的胆小鬼，但"纳尔逊在桅顶见到他时，立刻用愉快的语气说，如果有人担心有危险而不敢尝试，那该多么令人惋惜"。曾有一位战士的母亲在儿子第一次出海之前求纳尔逊给儿子带一封信，纳尔逊建议让她在信上留下一个吻，因此"可以将这个吻一并转交给他"。面对这样一位指挥官，谁会不喜欢呢？

信任同事和下属是纳尔逊领导才能的关键。特拉法加海战期间著名的旗帜信号是个很好的例证。开战之前，英国两列舰队非常缓慢地向等待着的法国舰队驶去，纳尔逊命令在"胜利号"两侧的桅杆之间挂起信号旗。最开始的文字是："纳尔逊相信人人将恪尽职守"（NELSON CONFIDES

89

THAT EVERY MAN WILL DO HIS DUTY），但纳尔逊以值得称赞的谦虚态度接受了一位军官的建议，将"纳尔逊"改为"英格兰"。另外，"相信"（CONFIDES）一词无法用旗语表达，需要逐个字母拼写出来，所以纳尔逊也接受了军官的建议，将它替换为"希望"（EXPECTS）。至少一位军官的反应具有典型的英国特色。"纳尔逊在暗示什么？"另一条舰队为首的科林伍德上将（Admiral Collingwood）嘟囔道，"我们都知道该怎么做。"

榜样的力量

1805年10月，年仅16岁的保罗·尼古拉斯（Paul Nicholas）作为皇家海军陆战队少尉登上了载有64门大炮的"贝尔岛"（Belleisle）号军舰。他详细描述了在特拉法加的经历，包括他对领导力的初步看法：

"十点半的时候，'胜利'号发出了'英格兰希望人人将恪尽职守'的信号。当这一明确的指令传达过来时，人们发出了热烈的欢呼，每个人的脸上都洋溢着兴奋的光芒。

"饱经风霜的船员们露出坚毅的神情，同时被欢欣鼓舞的笑容所照亮，与他们的装扮非常相称。一些人赤裸着上身，一些人只露出了脖子和胳膊，还有一些人在头上绑了一块头巾，所有的人似乎都在焦急地等待进攻

06 纳尔逊的领导天赋

命令。我和两个军官兄弟都已各就各位,大约有30人携带轻型武器站在我前面的甲板上。子弹开始从头顶飞过,暗示了接下来的几分钟我们将经历什么。一种可怕的沉默在船上蔓延开,突然被哈古德船长(Captain Hargood)严肃的声音打破:'稳步前进!向右转舵!稳住!'副官重复着他的命令,指挥舵手转动着方向盘。突然传来一声尖叫——下一枪带来了更加痛苦的呻吟,然后一个可怜的新兵的头被打掉了。随着我们继续前进,伤亡迅速增加。船长胸部中弹,无法直起身,但他很快回到了岗位上。只有经历过类似场景的人才能体会到当时的情形。我的视线里满是血淋淋的尸体,耳朵里响起一阵阵伤员的叫喊和垂死者的呻吟。

"此时此刻,我看到几乎每个人都倒在了地上,我也站不起来了,好几次我几乎跌倒在地,但这时——我记得非常清楚——一个低沉的声音传来:'站起来,不要脱离岗位。'我转过身,看到了我非常仰慕的上司(约翰·欧文中尉);他的神情严肃,也给整个甲板带来了镇定的气氛,将我的恐惧驱走了大半;我被他的精神所感染,开始振作起来。我从这次经历中感受到,在敌人的炮火面前,尤其是在我们无力反击的近30分钟时间里,指挥官的榜样力量有多么强大。"

纳尔逊在特拉法加海战期间去世，这场伟大胜利给英国舰队带来的巨大兴奋被失去一位伟大领袖的痛苦所取代。"我从来没有直视过他，"一位船员在写给家人的信中说，"对此我既感到遗憾，也很开心，我相信，如果我看到他一定会被他吸引。但那时，船上所有见过他的人都泣不成声。知道他去世后，所有人痛哭不已。上帝保佑！战斗起来像恶魔一样的人这时坐下来哭得像个小姑娘。"

■ 纳尔逊的遗产

除了孱弱的身体，纳尔逊还有一些人格缺陷。例如，1794年在莱霍恩，他与一个不修边幅的邋遢女人一起住在船长舱里，她就是艾玛·汉密尔顿夫人。"他因为和那个女人在一起而辱没了自己的名声。"一位军官写道。

一些批评者认为，纳尔逊与汉密尔顿夫人的关系让自己出了洋相；而在这段关系中有一种深层且永恒的东西，抵消了他对外表现出的对她的爱慕，几乎让所有人哑口无言。但仍然存在几个批评者，其中之一就是纳尔逊全心全意效忠的国王乔治三世。

根据汉密尔顿夫人的一位朋友所说，她曾说过纳尔逊的缺点在于"性欲旺盛、语言粗鄙"，但这些是任何时代的水

06 纳尔逊的领导天赋

手都具有的典型特征。另外，在军事、政治和工业领域，领导者有所谓的"性格信用"（idiosyncrasy credit），即同事们会因为他带来的成就而原谅一些小的疏忽和过错。英国民族，当然还有英国海军，并没有对纳尔逊与汉密尔顿夫人的关系耿耿于怀，因为他严格遵守了礼节。在这方面，他的魅力帮助了他，因为他与汉密尔顿夫人的合法丈夫威廉·汉密尔顿爵士的关系很好，后者甚至死在了纳尔逊的怀里。这些缺点也许让他不再完美，但矛盾的是，这让他在他的崇拜者的眼中变得更接地气。

当然，纳尔逊非常走运。他的很多成功可能会变成灾难，并给他永远贴上"莽夫"的标签，但他承担的大部分风险都是经过认真计算的。如果没有皇家海军中其他杰出的领袖、船长和指挥官的支持，他也很难获得如此高的盛名，而这些人在勇气、专业知识甚至领导力方面并不逊于他。

奥维德（Ovid）在长诗《古代名媛》（*Heroides*）中的一句话放在这里很恰当："他是领导者中的领导者。"他的荣耀也不应使真正的英雄——那些与他一起忍受海上漫长的封锁，并一起穿过枪林弹雨、与敌人殊死战斗的船员们受到贬低。纳尔逊的杰出之处在于他同时具备领导素质和领导能力。这两点，再加上难以言喻的个人魅力，使纳尔逊成为卓越的领导者。

这些特征都无法完全反映出纳尔逊的个人魅力，关于他的任何作品也没有充分传达出这一点。但我们可以从他对其他人的深刻影响中判断出来。然而，他鼓舞人心的领导力成了他留给英国海军的宝贵遗产。"海军最大的荣耀在于他们懂纳尔逊，"约瑟夫·康拉德（Joseph Conrad）曾说，"他将英雄主义带到了军队中，他的确是一位令人望而生畏的先人。"康拉德最后一句话的意思是，纳尔逊很难模仿，特别是对于皇家海军的各位军官来说。

■ 本章要点：纳尔逊

● 纳尔逊具有领导才能，正如比他早出生两年的莫扎特具有音乐天赋。在担任领导者的生活和职业生涯中，纳尔逊展现出来的各种才华和谐地融合在一起。

● 纳尔逊身上同时存在着爱国热情（一种责任感和对国家的热爱）与对个人名誉的极大渴望。然而，他与同事和上下级建立并保持了良好的关系。他通过各种手段提升自己的名望，但并非都是明智的，他身上同时存在着谦逊和野心。

● 纳尔逊天生具有无限的勇气，敢于冲到前线带领大家战斗。他通过学习和实践拥有了专业能力，从而获得了知识的权威。他思维敏捷、脚踏实地，因此拥

06 纳尔逊的领导天赋

有自信、清晰和灵活的头脑。

◉ 纳尔逊提倡通过指挥渠道和在小组内部的沟通，但奇怪的是，他没有向所有船员或在大型集会发表演讲的经历。他不是公共演说家。

◉ 作为团队的建设者和激励者，纳尔逊无人能敌。他在对待个人时表现出了强烈的人文关怀，一方面他公正且公平，另一方面又能理解和同情他人。他与那些"勇敢的战友们"互相引以为傲。

希望人文关怀可以继胜利之后，成为英国海军第二个显著特征。

——纳尔逊勋爵（海军中将，1805年10月21日）

---

07 作出正确的决策

> 理性和冷静的判断,
> 是领导者尤其应具备的素质。
> ——塔西佗(罗马帝国元老院议员、历史学家)

为了引导团体、组织或国家朝着正确的方向前进,领导者需要具备思考和决策能力。我们可以将它视为领导力的理性维度,其中包括实际推理、直觉和想象力。但这不仅仅要求领导者具有某些或所有特质,他还必须能够领导负责解决问题或制定决策的机构,如董事会,其成员可能有不同的思维能力和个性。本书第107页介绍了英国前首相克莱门特·艾德礼(Clement Attlee)的案例,证明选择正确的团队成员和以有效、务实的方式领导决策会议非常重要。在一起思考问题时,气氛也很关键,好的领导者会保持冷静并影响他人。如果工作出现问题,他愿意个人承担全部责任。

07 作出正确的决策

■ 有目的地思考

思考无疑是成功的最核心的活动。加拿大企业家罗伊·汤姆森始终认为思考很重要,他建立了一个庞大的出版帝国,旗下掌控着《泰晤士报》。他在自传《在我60岁之后》里写道:

> 思考就是工作。在一个人职业生涯的早期阶段,这项工作难度很高。当一个困难的决定或问题出现时,人们往往在粗略地看过一遍之后便放弃思考了。他们会认为这个问题无法解决,或者以后会出现某些东西来帮助我们解决。草率和半途而废会形成习惯。这种行为越多,人们就越难认真思考问题、得出恰当的结论。
> 作为成功人士,我要给的建议是:如果一个人想成功,就必须思考,而且要绞尽脑汁地思考。必须在脑中思考问题的方方面面,直到再也找不出没考虑到的地方。相信我,这是一项艰巨的任务,从我的观察来看,确实很少有人愿意这样做。

罗伊·汤姆森14岁就离开了学校,这说明不能把思考或判断能力与学历画上等号。在这里,"判断"(reason)指的是一个人的所有思维能力之和。实际判断指的是以行动（而非推断或抽象化）为目的而采取的措施。

希腊人将这种实践常识或者非凡的实践智慧称为"phronesis"。这个单词最早的英文译法为"prudence"，即"谨慎"。但"谨慎"一词的现代用法增加了"深思熟虑地克制"这层细微的含义，使它几乎成了"小心翼翼"（caution）的同义词。希腊语中的这一概念含义更为积极。亚里士多德将雅典政治家、领袖伯里克利（Pericles）和所有像他一样的人看作是"实践智慧"的代表，"因为他们知道什么对自己和所有人有好处"。他补充道，这种素质属于那些擅于管理国家的人，以及现代工业和政治领域的先驱。

> **挤出时间思考**
>
> 不断地思考未来方向是战略领导者的一项重要能力。这类人的日程非常紧凑，且会受到许多干扰，所以需要挤出时间来认真琢磨问题。
>
> 美国总统罗纳德·里根上任后不久，总是抱怨自己几乎没时间思考。他还表示，自己必须适应这一点！相反，埃及总统萨达特有大量时间思考、冥想和制定针对以色列的大胆策略及后续行动。他拒绝被琐事束缚。萨达特遇刺后，以色列反对党领袖（后来的总理）西蒙·佩雷斯（Shimon Peres）在《泰晤士报》上发表文章说：

07 作出正确的决策

> 他(萨达特)告诉我,他一直待在"一间又一间小屋里",不仅是因为他需要放松,还因为他追求孤独。正是这种孤独使他从日常工作中解脱出来,拥有独自沉思的机会。这种独处(不受打扰地思考,掌控自己的时间,亲近自然、远离工作)使他成为很多书中所描绘的世所罕见的领导者之典范,这让他有更多的时间去沉思,而不必关注细枝末节。

伯里克利在一场著名的葬礼演讲中,强调了让雅典在当时和后世具有强大影响力的价值观和精神。在演讲中,伯里克利赞赏了雅典人根据"实践智慧"作出决定的能力:

> 我们雅典人会集体作出有关政策的决定或者进行讨论,因为我们相信言语和行为之间不存在矛盾;在对后果进行充分探讨之前匆忙采取行动,这才是最糟糕的。我们与其他人的另一点不同是:我们能够在承担风险的同时对风险进行预估。对于那些有勇无谋的人来说,他们一旦停止思考,便开始感到恐惧。

雅典是一个民主国家,因此伯里克利假定所有公民都会针对特定情况下的问题给出解决意见:确定目标,制定行动路线，选择最可行的办法，针对可预见的后果分析每种方法的优缺点，最后根据已有信息作出最佳决策。

有时候，希腊人的讨论可能会失控。例如，在雅典和斯巴达交战期间，希腊历史学家修昔底德（Thucydides）写道，雅典将军德摩斯梯尼（Demosthenes）在对抗斯巴达精锐部队的登陆作战中展现出了激励人心的领导能力。但首先，他不得不压抑雅典人的自然本能，即对局势进行详细分析。为了阻止斯巴达人登陆，他将重装步兵召集起来，对他们说：

> 战士们，成败在此一举，在这个进退两难的境地中，我不希望看到任何人自作聪明地试图对周围的危险进行精确计算；相反，我们必须直接发起冲击，不能在半路停下来讨论。我们必须发自内心地相信自己能够克服所有危险。因为一旦我们面临这样的处境，计算便毫无用处：我们要做的是迅速作出决定，并将一切押在这上面。而且我认为形势对我们有利——只要我们决心坚守阵地，不为敌方人数所震慑而放弃我们真正的优势。

在决策时间相当有限的场合，例如在生死攸关的危机中，领导者往往要根据实践常识作决定。军事领导者与商业领袖一样，尤其需要培养决策能力。斯巴达将军克利尔库斯

07 作出正确的决策

承担起了这份责任,只不过在此之前,他已经听取其他军官介绍了当前的困境以及可以采取的方法。

从领导力的角度来看,人们以这种方式参与决策存在巨大的优势。人们在关乎自己生活的决策中参与得越多,执行这些决策的动力就越大。领导力和动力息息相关,因此任何领导者都必须认真考虑这个因素。尤其是在其他激励方式有限的情况下,或者当领导者缺少权威时(例如在志愿组织中),让人们参与决策过程至关重要。

劝导的力量

成功领导者的一个显著特征是具备说服他人的能力。当然,有些时候,领导者需要亲自作决定并监督执行,不管别人怎么想。但是,只要领导者能说服别人(让他们感到自己参与了计划的制定)而不采取强制手段,对方便会理解并积极参与执行任务。

丘吉尔是一位有说服力的人。的确,他在语言和逻辑方面非常出色,有几次我跟他在一些重要问题上出现了分歧,甚至我坚信自己的观点,且责任明显属于我,但我仍然不得不听取他的意见。他不止一次地要求我重新审视自己的判断依据,让我务必确信自己是对的——或者接受他的方案。但是,如果最终决定与他的意见相悖,他也会以优雅的态度接受,并采取适当的行动,竭

101

> 尽全力地帮助我。努力劝导和虚心接受相反的意见，这些都是民主的基本内容。
>
> ——艾森豪威尔将军谈丘吉尔

正如一句话所说："人多力量大。"参与讨论的人越多，决策的质量就会越高。我们在日常生活中的决策经验可以证实这一结论。

只有傲慢的人才会以为自己拥有决策所需的所有信息和智慧。为了确保作出最佳决定，称职的领导者会鼓励团队成员充分开展讨论，并认真聆听。莎士比亚曾经写过："真正的伟大不是轻举妄动。"

但是，参与讨论的人不一定要像领导者一样承担行动责任。领导者往往负责确保将决策付诸实践。在这里，从不等人的时间成了关键因素。罗斯福总统说过："90%的智慧在于合理利用时间。"领导者希望使所有人达成共识，因为追求高效率的人都不愿意被少数反对者拖后腿，但这种共识并不容易实现。克伦威尔有一天在下议院说："我和任何人一样都希望获得别人的认同，但在哪里能找到呢？"这句话表达出了多数领导者的心声。

07 作出正确的决策

▎从提出想法到职责分工，再到果断行动

领导者有义务确保将决策付诸实践，并采取正确的行动。在这两方面，他必须积极推动进展。"我当然不需要他人的鞭策，"丘吉尔曾经说，"实际上，如果非要说的话，是我去鞭策他人！"

"桑树港"（Mulberry Harbours）的规划和建立，很好地证明了丘吉尔的远见卓识和积极的行动力。如果没有这个港口，盟军就无法在1944年登陆诺曼底。敌人已经占领了法国的所有港口，因此盟军不得不开辟新的港口。1941年，也就是诺曼底登陆之前三年，丘吉尔给当时负责联合行动的蒙巴顿上将（Admiral Mountbatten）下达指令：

> 我们要设计出一个码头，用于卸载数千吨货物。码头必须随潮汐上下浮动。下锚的问题一定要处理好。不必反对，困难出现时自然需要解决。

如果决策失败了，优秀的领导者会承担全部责任。他不会将责任推给同事或下属。针对魁北克的第一次进攻失败后，沃尔夫将军（General Wolfe）写道：

我承担一切责任，并愿意接受惩罚。事故无法避免。这个有缺陷的计划大部分内容是我提出的。

艾森豪威尔也承担过失败的责任。1944年6月的前几天，由于天气原因，他手下的空军指挥官要求推迟进攻欧洲。在与将军和专家顾问协商之后，艾森豪威尔本人决定冒险于1944年6月6日发动进攻。在舰队出发之前，他写了一篇新闻稿，要求在必要时发布：

登陆失败了，我下令让军队撤离。这一次，我充分参考手头上掌握的信息作出了此时此地发动进攻的决定。所有部队，包括空军和海军表现出了英勇无畏的献身精神。如果行动出现失误，一切责任将由我个人承担。

希特勒则代表了不负责任的一面。他认为军事计划的失败是下属的无能或缺乏意志力造成的，而将早期的成果归功于自己。当屋顶倒塌时，希特勒谴责德国人民让他失望了。作为领导者，他既看不到、也不愿承担自己的职责。

07 作出正确的决策

> **领导者的谦卑**
>
> 谦卑感是我敬佩的每位领导者身上都具备的一种特质。温斯顿·丘吉尔在感谢人们对英国和盟军事业的帮助时,脸上挂着感激的泪水。
>
> 我深信,每位领导者都应该表现出足够的谦卑,公开为他自己选择的下属所犯的错误承担责任,并公开表扬他们的成就。我知道,一些流行的领导力理论认为,领导者必须始终保持光鲜亮丽的形象。但是我相信,从长远来看,公正和诚实,以及对下属和同事的宽容都会带来回报。
>
> ——艾森豪威尔将军

我们有必要重视领导者的决策能力,因为有些领导者会没完没了地搜集证据、了解和权衡事实。"未来"无法完全预测,因此人们在作出决定之前不可能掌握所有事实和信息。在这方面,作决策与掌握所有相关信息,并从中找出办法的解决问题的方式有所不同。在实际生活中,缺少信息的情况很常见。领导者往往需要决定——或敦促一个团队决定——应该用更多的时间和金钱来获取更多信息,还是根据已有信息采取行动。这种选择本身就是一个决策。

专业从事研究和思考的人往往会审视问题的所有方面,并争取搜集更多信息,而这些人很难成为优秀的领导者。奥德威·狄德（Ordway Tead）在《领导的艺术》中介绍了决策能力的重要作用，他写道："领导者最终需要取得成果。"

必须采取行动并取得成果。团队目标必须是可衡量的，这一点很重要。要将犹豫不决转化为行动，将冷漠转化为热情，将怀疑可行性转化为面对现实——实现这些转化是领导者的特权和义务。"他完成了工作"是领导者逃不开的责任。他如何完成工作、产生了哪些动力以及追随者对他的满意程度有多高，这些也是最终成果必不可少的内容。但领导才能也是稀缺资源，因为很多人不愿作出无法撤回的决定、对工作毫无热情、对自己和他人缺乏信任、害怕承担责任或者找不到明确的方向。

管理者的行动

以《城市的耻辱》一书的作者林肯·斯蒂芬斯（Lincoln Steffens）为重要人物的"黑幕揭发运动"加入了一群年轻的改革者——现代最早的压力集团之一，他们通过撰写小说和通俗文章揭露了20世纪初期蔓延到美国政治、社会和经济领域的种种弊端。他们的写作主题涵盖铁路、金融、食品掺假、贩卖妇女和儿童以及欺诈性索赔。1906年，西奥多·罗斯福总统给他们取了个

07 作出正确的决策

绰号,叫作"扒粪者"——只盯着脚下的污秽,看不到天上的光亮。但他们的作品促成了有建设性和进步意义的立法。斯蒂芬斯在自传中引述了他与美国前总统伍德罗·威尔逊的谈话,总统说:

> 管理者是行动主义者,像你我这样的知识分子(他笑了笑)是不具备管理能力的。我们如果坐上管理层的位置将会很危险,除非我们能够意识到自己的局限性,并采取措施避免没完没了地思考、聆听——却什么也不做。很久之前,我第一次进入管理层时,决定在一段时间内保持思想开放,听听所有人的想法、接受他们提供的信息,等到某天我的大脑做好准备时便关闭言路、开始行动。我的决定可能是对的,也可能是错的。但没关系,我要趁着这个机会做点什么。

■ 案例研究:主持内阁会议

克莱门特·艾德礼于1945年至1951年担任英国首相。1964年10月18日,他在《观察家报》上发表了一篇经典文章,题为"掌控局势"(In the Driver's Seat),其中介绍了

高效领导大师班 EFFECTIVE LEADERSHIP MASTER CLASS
全球传奇管理者传授成功的秘诀

关于领导一支由领导者们（其中有几个爱出风头的人，包括安奈林·贝万、赫伯特·莫里森和厄尼·贝文）组成的团队的一些观点。该文章呈现出艾德礼独有的简洁风格。他首先对"裁决"一事发表了观点：

"裁决"是一个必要行为，因为内阁是行动决策的工具，而决策来自"裁决"。内阁不是发表高谈阔论的地方，所以优秀的政治家并不一定是合格的内阁部长。"裁决"是在有限的时间内根据不完善的知识作出重要决策的手段。只有做决策和不做决策两种结果。有了决策可以进一步完善，没有则无从下手……有些人会对一切问题发表看法，这种行为是不应该提倡的。如果有必要，我会让他们停下来，一次就够了。厄尼·贝文（Ernie Bevin）提出了许多问题，但他拥有丰富的实践知识。

奇怪的是，几乎每个内阁都会有至少一个人（无论是否是部长），可能会被新来的人问："他在这里做什么？"他在这里是因为他很英明。你可能会听到总理对新上任的内阁部长说："如果你打算这样做，最好与××商量一下。"

在内阁会议中发表华丽的演讲并不是必要的，能够清楚、简洁地陈述观点才最重要。内阁当然不是夸夸

07 作出正确的决策

其谈的地方。奈伊·贝万（Nye Bevan）虽然是一个出色的官员和天才协调员，但他偶尔会讲个不停。他表现很好，经常作出明智的决断，有时极为理性。他曾说："75%的政治智慧在于给工作排列优先顺序。"这句话非常有道理，对于内阁部长来说也是有用的建议。

每次他滔滔不绝地讲话时，往往会因为觉得政策表述不清而激动，这是他的大多数演讲被打断的原因。首相偶尔会让以为政府走下坡路的人放心，从而避免他们用长篇大论来表达对选举的担忧。

首相在内阁会议期间不能过多地发言。他负责开场，或者请别人来开场，接下来让身居高位、但不轻易发言的官员讲话。首相还负责总结发言。有经验的工党领袖在此方面很擅长；多年来，他们在议会政党和全国执行委员会会议上参加过很多辩论，还负责总结。对于内阁来说，总结并不算轻松，需要多加练习。

特别是当非内阁大臣第一次出席内阁会议时，首相要更加严格。这些官员为了证明自己的能力，可能会说个不停。首相不能存在侥幸心理，而要让他们事先提交演讲稿。首相可以说："部长，你的发言非常清楚。需要补充吗？"语气坚定，明显期待对方说"不需要"。如果有其他人想发表演讲，最好打断这位部长："有人反对吗？"如果其他人作势要发表长篇大论，首相会

109

迅速问他:"你有反对意见吗?没有?好的。下一项。"这样内阁会议才能继续推进。

内阁会议必须向前推进,产生一系列清晰、果断、毋庸置疑的决策,这就是政府的作用。民主的挑战在于迅速实现。

直觉和想象力

领导者的实践智慧不仅仅表现为分析人或事物的思维能力。我们可以看到,在那些决策不够果断的领导者中,过度分析是一种常见的弱点。分析或逻辑思维对于任何级别的领导者都是宝贵的财富,而培养这种能力的教育活动也应受到重视。领导者如果没有在学校里学习过如何清晰而系统地思考,那么他最好聘请接受过这种培训的顾问。希特勒作为领导者犯过很多错误,其中之一是看不起德国的总参谋部,而其中的成员皆是受过战争逻辑思维训练的专家。

希特勒当然拥有直觉。一定级别以上的领导者都具备这种素质。"直觉与洞察力十分类似,"亚历克西·卡雷尔(Alexis Carrel)在《反思人生》(1953)中写道,"几乎是一种对现实的超感官认知。所有伟大的人都具有直觉,他们无须推理或分析便能洞悉一切。"

07 作出正确的决策

领导者往往不承认自己的直觉，因为在他们眼中，直觉不是一种值得尊重的思维能力。当然，他们也认为它违背了科学，理性管理者的这种极端想法牢牢控制着自己的思维。然而，这种观点毫无道理。一些著名的科学家都有自己的直觉。爱因斯坦的话证明了这一点：

> 没有任何逻辑方法可以帮助人们发现这些基本定律，只有直觉，它是对隐藏在表象之下的秩序的一种感知。

直觉是迅速感知到某些东西的能力。显然，它是在没有任何推理进行干预的前提下实现的。直觉似乎与逐步的演绎或归纳推理、对形势的主观分析或想象力毫无关系，它仅仅是一种快速而现成的洞察力——"我就是知道"。然而，直觉必须建立在经验和以往的合理推理基础上。

相信直觉

以色列前总理戈尔达·梅厄夫人说过，她在1973年的赎罪日战争期间由于忽略了自己的直觉而遭遇了重大挫败，毁掉了自己的政治生涯。

梅厄夫人在自传中透露，1973年10月5日星期五，有消息称俄国顾问匆忙离开了叙利亚，她对即将发生的

> 事情产生了一种直觉。"我试图不去在意，"她写道，"而且直觉是个有争议的概念。有时候它需要我们立即采取行动，但有时候它只是焦虑的体现。"
>
> 当时的国防部部长摩西·达扬（Moshe Dayan）、参谋长和情报局局长让她更加坚定了这个想法。他们都不认为战争迫在眉睫。前任参谋长巴列夫将军（General Bar Lev）也不这样想。
>
> 梅厄夫人补充说："今天我才知道应该怎么做。我本应在那个星期五早上下定决心，听从内心的警告，并下令调动军队。对我来说，这个事实永远也无法抹去，而其他人说任何话都不会令我感到安慰。"

人们认为，在某个领域中始终拥有直觉的人具有一定的天赋。他能够"嗅到"良好的前景，或真理可能存在的方向，而不需要一步一步地朝着一个目标进行推理。"天赋"（flair）一词来源于法语动词"flairer"，的确包含"嗅"的意思。美国实业家保罗·盖蒂（Paul Getty）举了个例子：

> 在我开始开采俄克拉何马州的油田之前，专家一致认为所谓的"红层"地区不会有石油。但是与许多石油人一样，我选择放弃所有"分析性"思维，合理地遵

07 作出正确的决策

循了非逻辑的主观判断。在我看来,这片地区很可能蕴藏着石油。在直觉的驱使下,我决定亲自去看看。我开始在红层地带钻探,最终找到了石油,开发出了一大片新油田。我猜想,正是凭借这种非教科书式的思考和一定的冒险精神,我才能够在石油和其他领域取得巨大财富。

商业才能是伟大的工业领袖身上永恒的特征。他们可以凭直觉找到赚钱的机会。当其他人只能看到眼前的损失时,他们能嗅到潜在的利润。这是一种本能,而非推理或逻辑思维的结果。如果这些商人不遵循自己的本能,日后就会发现自己犯了错,就像戈尔达·梅厄夫人一样。正如一句阿拉伯谚语所说:"黎明不会两次来唤醒一个人。"

大脑的工作原理

我现在经常问自己:是什么能让我于67岁高龄仍然在商业领域拥有自信、决心和冒险精神。

至少一部分来自我在相当长的一段时间内积累的成果,但是后来在爱丁堡和伦敦这些年让我发现,经验是商业管理的一个重要条件,在这方面我毫不匮乏。我可以更进一步地说,要想提高管理水平,一个人必须积累大量经验。做好任何事都需要大量练习，而要提高决策水平，你必须积累大量决策经验。你做的决策越多，效果就越好。

在商业领域的不同阶段，我不得不做一些重要的决定，尤其是在早期，我常常会犯错误。但我后来发现，"早犯错早纠正"是有好处的。我在伦敦遇到的很多问题都与先前遇到的有一定关联。通常只需修改几个数字，最终结果便一致了。所以在很多情况下，我立刻便知道答案。

我无法从科学的角度进行解释，但我深信，多年来，我的大脑像计算机一样存储了关于某个问题的大量细节，我在此基础上作决策并取得最终结果；所有信息整齐地堆在我的脑海里，以备不时之需。如果一时找不到答案，我会将问题暂时放下，这时脑细胞似乎开始搜寻可用的信息，因为第二天一早，当我再次思考这个问题时，解决办法往往立刻就蹦出来了。我似乎是下意识地作出判断，而我相信就在我没有专门去思考问题的时候，潜意识将它与我的记忆关联在一起；我以往的经验提供了光亮，照亮了克服困难的道路……只有不常出现且相当复杂的问题才需要我绞尽脑汁地思考。

——罗伊·汤姆森［引自《在我60岁之后》(1975)］

07 作出正确的决策

一般来说，领导者越早产生直觉，他就越应该多花些时间来验证它的真实性。相反，长时间思考、学习和体验带来的直觉更可能是真实的。因此，人们在晚年产生的直觉更值得信赖，因为这时他们已经积累了大量经验和实践。

在这种情况下，想象力和直觉存在密切关系。领导者在很多情况下（即下一步蓝图尚未绘制出来的时候）需要发挥想象力。作为领导者，你没有绝对的自由，不能像剧作家或诗人一样自由地发挥。你更像是在与其他人一道翻越地图上没有的高原。你要自行判断，找出一条可行的道路并尝试——解决问题的方法不在书中，也无法从记忆中搜寻到，因为你从未来过这里。你要发挥创造力，而这无法通过遵循先例或采用通行的方法来实现。约翰·塞恩斯伯里（John Sainsbury）曾担任一家以他的名字命名的连锁超市董事长，他说过：

> 对于一位优秀的管理者，我最看重的是他是否有想象力。要成功地开展创新，管理者必须有丰富的想象力。这方面的过人之处不仅可以为任何企业创造宝贵的财富，还会使个人获得极大的成就感。我们在预测未来事件和应对变化时需要发挥想象力。只有富有想象力的人才能真正理解其他人（例如客户、同事或车间工人）。掌握这项能力是在工商业领域取得成功的关键。

想象力不应成为顶层的思维能力，它的身份应该是团队成员，而不是队长。想象力的作用是引领我们进行创新、发明、创造、探索、冒险和开辟新的领域，它是思维的先锋或高级侦查员。

阿拉伯的劳伦斯

"他们告诉我，没有人可以成为他们的领袖，除非与他们吃同样的食物，穿同样的衣服，与他们生活在一起，同时还能表现得更优秀。"T. E. 劳伦斯在谈到贝都因人时说。在第一次世界大战[①]期间，他与贝都因人并肩作战，同时担任阿拉伯起义的政治顾问。他的上司艾伦比将军（General Allenby）形容他为"具有领导天赋的出色谋略家"。曾担任阿拉伯陆军参谋的斯特林（W. F. Stirling）近距离感受到了劳伦斯的领导才能，即使劳伦斯在部队中的职级较低。那么，他的影响力来自哪里？斯特林在《朋友眼中的劳伦斯》一书中写道：

劳伦斯不仅比其他人更清楚地了解任务内容，还知道如何完成，对于团队成员的想法也有一种强烈的直觉。最重要的是，他能够以身作则。他幸运

---

① 以下简称"一战"。——译者注

07 作出正确的决策

> 地从士兵当中脱颖而出,但我从来没有听到有谁表示嫉妒。我们都感觉自己服务于一位远远比自己更优秀的上司。
>
> 我发现,他的突出特点在于视野清晰,能够消除思维中一切不必要的内容,进而对其他人的想法和行为了如指掌……
>
> 他如何获得这种能力?首先,我认为,我们必须在劳伦斯体会身边所有人的感受这一不可思议的能力中寻找答案;他能够探究身边人的想法,并找出他们的行动原因。
>
> 劳伦斯噩梦般的战争经历——参加战斗,被土耳其人俘虏的屈辱和在英国外交中表现出的权谋——使他倍感压力,甚至出现了神经衰弱和精神崩溃,一直没能恢复。有时,领导力会以个人痛苦为代价。

愿意走出熟悉的领域去另辟蹊径的领导者都会发挥一定程度的想象力。这种冒险可能一无所获、漫无目的,甚至令人发狂。有梦想的领导者或许能找到新的路径,但也有可能导致自己和他人失去一切。当然,在那些偏离正常道路的人群中,只有少数人是探险家。"有想象力""有创造力"和"有冒险精神"都是褒义词,而"沉迷幻想""行事鲁莽"

和"疯狂"形容的是虽然有想象力但最终失败的人。因此，我们应该警惕任何夸大想象力本身的倾向。人们有时会忘记，丰富的想象力也可能是愚蠢的幻想。创造力也可能成为不切实际的想法。天才和怪人都是富有想象力的思想者——有些人同时具备这两种特征。

然而，想象力中包含领导者应具备的一些关键素质。很多情境需要领导者进行创造、发明、即兴发挥、发现、创新、探索、试验，以及主动离开常规路径。"一般来说，"《柳林风声》的作者肯尼斯·格雷厄姆（Kenneth Grahame）写道，"成年人在事实方面不会出错，但他们极度缺乏想象力，这是更重要的才能。"

■ 在压力下保持冷静

本章开头引用了罗马历史学家塔西佗的一句话，它告诉我们，冷静是领导者特有的素质。思考和行动的转换可能给人带来各种各样的焦虑感：一种是在收集到更多信息之前迟迟不作决定，另一种是在信息不充分的情况下作决定。后者更常见。"想得到答案"的人施加的压力会进一步加深这种焦虑。当然，信任是决策的根本条件。领导者是否真正掌握了必要的信息（硬数据，以及对他人的感觉和需求的感知），

07 作出正确的决策

并拥有出色的决策能力,因此受到他人的尊重?领导者能否帮助不切实际地追求更大确定性的人减轻焦虑?

沟通对于消除焦虑有很大的作用。领导者内心的冷静会对他人产生影响,焦虑的人会观察领导者的表情。如果领导者的脸上没有明显的紧张或兴奋,其他人也会镇定下来。并不是领导者缺乏这种情感,勇气无法驱散恐惧,但它可以将恐惧控制在一定范围内,并从中汲取能量和信念。如果一个人要管理其他人,那么首先必须管理好自己。

冷静有助于压抑过度兴奋,还可以让人在混乱的形势下表现从容,这对于将军来说是一种宝贵的素质。"二战"期间,特别是在1941年到1942年那段黑暗的时期,每当英国总参谋长阿兰布鲁克勋爵(Lord Alanbrooke)穿过走廊回到自己的房间时,部队中的军官和文职人员都会观察他的表情。他们想从他的脸上找到战争进展的迹象。有时候,他要克服极大挑战才能控制好自己的表情,不流露出忧虑和沮丧。

沉着冷静的领导者在困难面前不会让自己的思维受到影响。"冷静"是一种安静地解决问题、没有失控的动作或言语的态度;"沉着"强调通过实际推理来解决问题。在面对危险或挑衅时不感到焦虑,能够集中精力、克服干扰因素,特别是在危急时刻:这些是身居要职的领导者必备的素质。17世纪的法国作家伏尔泰在描述马尔堡第一公爵约翰·丘吉尔（John Churchill）时说，他拥有"在混乱中保持镇定的勇气，能够在危险面前保持灵魂的宁静，也就是英国人所谓的'冷静的头脑'"。

> **行动中的冷静**
>
> 罗伯特·李将军（General Robert E. Lee）或许是美国内战中最出色的军事领袖。一开始，南北双方都想让他担任总司令，但出于对家乡弗吉尼亚州的忠诚，李将军最终加入了南方联盟军阵营。凭借卓越的指挥和领导才能，他在与北方军队的交战中大获全胜。但在为期三天的葛底斯堡战役中，南方获胜的希望眼看着要彻底消失了。在这个紧要关头，李将军手下的皮克特将军（General Pickett）却遭遇了一场失败。当这个坏消息传到李将军的耳朵里时，在场的目击者描述了当时的情况：
>
> > 他的脸上没有丝毫失望或愤怒，他对面前的所有士兵说着鼓励的话："一切都会好起来的，我们一定能取得胜利。"并对一个因为惨败而严厉批评下属的军官说："没关系，将军，这都是我的错。是我输掉了这场战斗，你必须竭尽全力协助我。"

在1956年的中东战争期间，英国首相安东尼·伊登

07 作出正确的决策

（Anthony Eden）暴露了自己缺乏这种领导能力。他的管理非常低效，天生易怒，动不动就发脾气，也不擅长委派工作。他在兴奋或焦虑的状态下给内阁官员打电话时，经常打断对方。伊登不给部长们必要的空间去完成工作，而是没完没了地打扰他们。他严重缺乏自信，有时候由于过度紧张而无法下定决心。在中东战争期间，他亲自给每个排规定任务。显然，伊登不是合格的领导者。相比之下，哈罗德·麦克米伦（Harold Macmillan）是"镇定"一词的典范。他在内阁会议室挂上了标语："冷静的深思熟虑可以解决任何难题。"这对领导者来说是有效的行为准则。

■ 幽默感的价值

丘吉尔的一个过人之处在于他的幽默感。花了25年为丘吉尔写传记的作家马丁·吉尔伯特（Martin Gilbert）以一种独特的方式认识了他。"温斯顿·丘吉尔是个什么样的人？"吉尔伯特回想过去的经历时写道，"如果他是个恶魔，我怀疑不会有人愿意用25年的时间探究他的生活。1951年，他的女儿玛丽在信中对他说：'后人很难继承你的才华，但我真心希望他们能以某种方式分享你内心的品质。'"

吉尔伯特补充道，经过多年的研究和写作，他总能发现丘吉尔的幽默之处。"几乎每份档案中都有一些能让我发笑的内容。在1941年的一次战争会议上，丘吉尔对沃尔夫·穆雷（Wolfe Murray）将军的沉默迷惑不解，当即给他取了个外号叫'绵羊'穆雷将军。1940年的一天，他想与首席私人秘书埃里克·希尔（Eric Seal）交谈，于是对另一位秘书说：'把"海豹"（seal）从浮冰上拽下来。'"

除了使谈话更轻松，幽默感还具有另一种作用：缓解紧张。焦虑就像电流，有幽默感作为导线，它可以安全地传导到地面。面对形势的压力，人们需要通过大笑来减轻紧张感，因此玩笑是不是真的好笑并不重要。

保持沉着冷静对于领导者至关重要。如果领导者可以像杂技演员那样，在高空做出高难度动作时脸上也能保持微笑，并让他人也笑出来，这就会极大地提高士气。人们往往会从领导者那里寻求启示。

坎尼会战中的汉尼拔

瓦罗坚持要求遵守惯例，即所有执政官轮流指挥军队。他在坎尼镇（Cannae）附近的奥菲杜斯（Aufidus）河岸边、汉尼拔的对面扎营；黎明时分，战斗的信号响起时，将军的帐篷上挂起了猩红色的长袍。起初，在这

07 作出正确的决策

> 位罗马指挥官的大胆指挥和军队的勇敢冲锋面前,迦太基人节节败退。汉尼拔命令部队做好应战准备,而他本人和几个人一起骑到一个缓坡的顶端,从那里观察敌人的战斗阵型。
>
> 当他身边一名高级军官指出敌军人数多得出乎意料时,汉尼拔有一会儿板着脸,然后说:"吉斯科,还有另一件出人意料的事你没注意到。"吉斯科问他是什么,他回答说:"你看,对面这么多人,但没有一个人叫作吉斯科。"这个笑话让所有在场的人哄堂大笑。他们从高处下来时,每见到一个人就要讲一遍这件事,整个军队瞬间士气大增,洋溢着欢声笑语。
>
> 看到这一点,所有迦太基人都振作了起来,因为他们认为,如果将军面对危险也能开玩笑,说明他一定不把罗马人放在眼里。
>
> ——普鲁塔克(希腊历史学家)

■ 本章要点:作出正确的决策

● 领导者需要指明方向,但必须是正确的方向。这就要求他们具有较强的思维能力,包括先天获得和后天培养的能力,拥有清晰的思维并作出正确的决策。

希腊人称之为"phronesis",意思是"实践常识"。

- 正如罗伊·汤姆森所说,这种思维是一项艰辛的工作,但这是领导者取得成功的关键。"如果一个人想取得成功,就必须思考,"他写道,"必须绞尽脑汁地思考。"

- 独立思考的同时,你还要聆听别人的意见。要制定可靠的行动方针,并对其利弊展开激烈讨论。这种讨论会引发理性而坚定的行动,进而产生最佳路线,虽然不一定是最完美的。

- 思考先于决策,决定促成行动。作为领导者,你要根据具体情况,特别是危机的严重程度来判断何时中止讨论并开始采取行动。

- 直觉会在证据不完整时感知真实情况。它可能因焦虑或恐惧而扭曲,因此在接受它之前,你一定要通过理性判断或实验进行检验。"在盲人的国度,独眼者称大王。"但即使有一定视野的领导者也会依赖导盲犬——直觉的指引。

- 想象力也是必要的,因为新的情况需要新的想法。同样,领导者自身不必有丰富的想象力,但一定要激发团队的想象力并做出回应。

- 推动工作进展的能力至关重要。如果领导者能够创造一种充满活力、目标明确的氛围,人们能够沉着

07 作出正确的决策

冷静地开展必要的工作,这将产生无可估量的效果。幽默感有助于缓解危机时的紧张情绪,并增加愉悦感,优秀的领导者有时会让工作变得乐趣十足。

作决定是困难的,也因此益发珍贵。

——拿破仑·波拿巴(法国皇帝)

08

学会沟通与激励他人

> 普通人需要极大的激励和鼓舞才能发挥创造力,
> 他们的伟大理想要靠培养,
> 而天才则不需要。
> ——约翰·柯里尔(美国诗人)

沟通几乎是领导者所有工作中必备的能力和方法。领导者要通过沟通完成共同任务、组建团队并满足个人需求。领导者和其他参与者必须相互沟通,无法亲自完成所有工作的领导者如果不会沟通,就没办法推动工作进展。有效的领导力意味着在正确的时间做正确的事。

如果没有沟通,工作就不会有进展,这个简单的事实强调了沟通方式的重要性。领导离不开沟通,而要提高领导水平,就要提高沟通效率。在本章中,我们将介绍一些善于沟通的领导者的案例。

08 学会沟通与激励他人

■ 高效的沟通者

对于领导者来说,沟通意味着与他人分享或传达自己的观点和信息,从而获得期望的回应。雅典历史上最伟大的演说家德摩斯梯尼对一位政治对手说:"你的听众会说:'他讲得真好!'但我会让他们说:'我们反对菲利普!'"

提高沟通效率是领导者的责任。公元前500年,中国伟大的军事家孙子在《孙子兵法》中强调了明确下达命令的必要性:"约束不明,申令不熟,将之罪也。"

高效的沟通者并不难定义。第一,他们知道目标是什么。需要通过沟通达到哪些效果或行动方案?第二,他们了解对方的感受和掌握的信息。第三,他们会采用最合适的沟通方式(私下谈话、电话、演讲、报告或信件),清晰、简洁、生动地表达自己的观点。

在人类组织中,领导者每天都要发出和接收大量信息。他们需要以清晰和简洁的方式传达信息,还要认真听取其他人的汇报。

人们需要从领导者那里得到有关企业发展方向的信息。如何完成共同的任务?有什么计划?有哪些关于阻碍我们实现目标的竞争对手的信息?

但是,如果信息可以从组织中心流向外围,它也可以不断从外围返回中心。解读和消化这些数据在某种程度上是思维活动，但在某种程度上也是沟通任务。面对了解运营情况的人，领导者是否认真聆听？

"我听到了你说的话"是低水平的聆听，好的聆听者不一定是做出最多身体反馈（例如，点头或口头表示理解）的人。善于聆听的领导者会通过提问来澄清信息，并验证它的真实性。最重要的是，这样的领导者能真正愿意听取他人的意见，从而改变自己的看法或者积累更多信息。

> **赫莫克拉提斯**
>
> 锡拉库萨①政治家和将军赫莫克拉提斯（Hermocrates）得到了希腊历史学家修昔底德的敬重，后者在他身上看到了西西里人伯里克利的影子。他曾率领一支锡拉库萨舰队帮助斯巴达打仗。色诺芬顺着修昔底德的记录继续写道，当赫莫克拉提斯离开舰队时，"那些曾与他密切接触的人十分想念他，想念他的指挥、对他人的热情帮助以及与所有人的融洽相处"。
>
> "每天早上和晚上，他都会邀请一些熟悉的人（包括船长、舵手和船员）到自己的住处中，与他们探讨接下来的行动计划。他会解释自己的理由，然后让其他人表达自

---

① 意大利西西里岛上的一座城市。——译者注

08 学会沟通与激励他人

> 己的想法,有时要求他们立刻说出来,有时允许他们回去思考一下。因此,赫莫克拉提斯在舰队中享有很高的声誉。他被视为最出色的演讲者和最可靠的规划者。"

■ 如何激励他人

拥有一个可以传递给别人的有价值的愿景是激励他人的重要方面。什么是"愿景"(vision)?我们前面提到过,它指的是一种比其他人看得更远、更广阔的能力。从本质上讲,它是一种远见,还包括找到正确路径的超常能力。

领导者往往会从他人那里获得灵感,但必须将其内化并整合起来。在宗教领域,远见往往被看作是超自然事件。人们会在梦中、昏迷或迷醉状态下得到它;它可以是一种超自然现象,用于传达某种启示。工商业领域的领导者很少会承认自己的创意是上帝赋予的,但创造性的想象力确实可以每天帮助我们获得愿景,指导我们前进的道路。有远见,但具有不切实际的想法的人无法长期担任领导职务,而缺乏远见或灵感的领导者本身就是一个矛盾的存在。

为了激励他人,领导者自己首先要得到启发。愤世嫉俗的人可能会指出,激励领导者的因素无非是个人名声和荣耀，或者指使别人的权力。其中无疑存在一定的真实性，但常识和历史经验都无法完全支持这一点。激发领导者的通常是更大的目标或崇高的事业，而激励他人不只是传达愿景这么简单。高效的领导者也善于传递情感、感受和能量。

历史清楚地记载了伟大的领导者在激发他人能量方面的本领。历史上的一些军事和政治领袖，例如亚历山大、拿破仑和希特勒都将自己视为军队和国家的力量之源，不断地激发人们付出最大努力。

这种自我感知有两大缺点。首先，领导者会遭受严重的身心伤害。其次，它会造成依赖性。更好的方法是了解人们已经拥有的力量或能量。领导者必须找到隐藏的能量储备，将它释放出来，并引导人们利用这种能量采取行动。他的言行更像是触发器，而不是发动机。

尤里乌斯·恺撒——伟大的激励者

在入侵英国之前，罗马军事和政治领袖恺撒在高卢已经战斗了八年。根据希腊历史学家普鲁塔克的说法，"在这里，他证明了自己与所有深受钦佩的伟大将领同样出色。他能够让手下人始终对他充满感情，并愿意竭尽全力，这种能力确实不同寻常"。

罗马军队在没有领袖进行激励的前提下仍然在作战中表现良好。它是一台由纪律约束的军事机器，上级通

08 学会沟通与激励他人

过强权确保下级遵守命令；而下级是否情愿服从，对指挥官来说并不重要。但是，罗马士兵与希腊士兵一样具有人的天性和追求卓越的渴望。军队中隐藏着一种伟大的力量，等待一位天才领袖将它唤醒。恺撒就是这样的领袖，在他的管理下，罗马军队变得"战无不胜，不可征服"。

恺撒的存在似乎使普通的士兵变成了英勇的战士。"在其他战役中表现平平的士兵们，"普鲁塔克写道，"一旦开始为恺撒争取荣耀而战，就会变得不可抵挡、无人能敌，愿意直面任何危险。"他举了下面的例子：

> 恺撒大帝的军队在高卢与入侵的日耳曼部落交战时，恺撒发现军官（特别是那些来自罗马上层家庭的年轻人）似乎以为打仗会带来舒适的生活和大笔财富，但他们面对强大而可怕的日耳曼入侵者时似乎非常紧张。于是恺撒将他们召集起来，让他们回到罗马去。他表示，以这些人目前胆小软弱的状态来看，他们绝对不适合冒险。恺撒提出亲自率领第十军团去迎战日耳曼人。他宣称，敌人不会比最勇猛的高卢部落更强大，而且他自己身为将领也不会逊色于马里乌斯。听到这番话，第十军团派了一人前来感谢他的称赞，而其他军团则对自己的指挥

> 官颇为失望。现在，全军都愿意并渴望加入战斗，在恺撒的率领下再次大获全胜。

因此，领导者必须关注"情感"（emotion）和"动机"（motive）两个方面。这两个词来自同一个拉丁语动词"movere"，原意为"打动"（move）。他激发情绪和动机的程度取决于具体情况以及追随者。如果人们发自内心地愿意激励自己并全心投入，那么外界的激励因素只会适得其反。可以在战败的军队或遭受挫折的组织中关注士气的变化，也就是人们对待共同任务的态度。如果士气低落，人们便不愿意在共同任务上投入更多精力，他们往往表现出"事不关己"或悲观的态度。在这种情况下，领导者必须传递积极的态度，激发团队的能量，并将其重新引导至最终结果的方向。

这样看来，领导者往往同时在多个层面进行沟通。在传递（或聆听）信息的同时，他也在传播思想和价值观、感受和情感能量。他还寻求一种回应：士气的提升，使人们更加积极地追求成果。

08 学会沟通与激励他人

■ "二战"的启示

接下来的两个案例都来自军事领域——"二战"期间的英国军队,但领导力作为一种现象并不属于英国或军事领域。我们为什么要以军事为例来介绍如何激励和沟通呢?有三点原因。

首先,我们可以从军队中看出领导力如何在大型组织中发挥作用。领导力和良好沟通的主要障碍在于组织规模和地理距离。你如何领导一个由分布在世界各地的数千人组成的机构,并激励所有人?公共或私营领域机构的战略领导者普遍存在的问题,最早是在军队中兴起。顺便说一句,"战略"一词来自两个希腊语单词,分别指"军队"或大的机构,还有"领导者":"strategikos"(战略家)就是军队的领导者。

其次,"二战"带来的变革最终提升了工业领域的领导力,因为英国国民军队中成千上万名官兵在战争期间第一次体会到了良好的领导和沟通。事实证明,战争推动了技术革新(例如雷达、计算机和喷气式发动机的发明),它也促使人们改变了对领导力的态度。斯利姆和蒙哥马利是民主军队领袖的典范。战后,他们的理念和方法对英国工业产生了越来越大的影响,不仅仅是因为他们手下的许多官兵后来成了管理者和"行业巨头"。

第三，在每个研究领域都有经典案例。这些案例甚至超越了原本的领域，具有普适意义。但是在军事和非军事领域，没有人像斯利姆在《反败为胜》（1956）中那样清晰、生动地阐述了他对领导力问题的思考。到现在，这仍然是历史上的领导者认真思考的典型案例。1942年，在接管第八军之后不久，斯利姆在蒙哥马利面向军队发表讲话时也体现了这一点。一般来说，将军们都会在战斗前夕与上级军官或士兵们谈一谈战斗计划。当环境中充满不确定性、焦虑和恐惧时，如果他们负责指挥，他们会燃起士兵的战斗热情，这并不难做到。对敌人的仇恨、战斗的正义性、胜利的成果或回报、对永恒荣耀的渴望：这些是需要唤起的主要情感或动机。由于场合原因，这种鼓舞人心的演讲很少会被记录下来。而事后在撰写回忆录时，领导者通常会重新措辞。历史学家也会基于在场者提供的碎片信息再现当时的场景。莎士比亚在《亨利五世》中写出的著名演讲（在英国袭击哈弗勒尔之前）："亲爱的朋友们，再来一次……"证明了一位天才诗人能大大地改进文本。然而，蒙哥马利的演讲被速记了下来，因此我们看到的是真实的内容。

08 学会沟通与激励他人

■ 案例：被遗忘的军队

1942年，英军被日本人赶出了缅甸，移军驻扎在印度养精蓄锐。威廉·斯利姆将军临危受命指挥第十四军，他在接管后明确了当务之急，就是要恢复第十四军的士气。但要如何实现呢？在《反败为胜》中，他回忆了自己当时的心路历程：

> 接到指挥权后，我安静地坐下来思考军中的士气问题。我抛下以往学到的理论，根据一些经验思考出了一些结论。正是基于这些结论，我有意识地着手提高部队的战斗精神。
> 士气是一种精神状态。它是一种无形的力量，可以让团队中的每一个人竭尽全力地实现某个目标，而不必担心自己将承受的代价，让他们感到自己参与了一项伟大的事业。要让这些人产生必须要坚持下去（士气的本质在于坚持）的想法，就必须给他们一些理由，包括精神、思想和物质方面的理由。精神排在第一位，因为只有强大的精神基础才能承受巨大的压力。接下来是思想，因为能打动人们的不只有情感，还有理性。物质排在最后，是因为士气最高涨的时候往往物质条件最

简陋。

我坐在办公室里，列出了每一项的具体内容：

精神

◎ 必须有一个伟大而崇高的目标。

◎ 实现目标至关重要。

◎ 实现目标的手段必须是积极进取的。

◎ 战士们必须清楚，他们的所作所为对于实现目标有直接影响。

不管怎样，我们的精神基础非常牢固。我使用"精神"一词，不是指宗教层面的含义，而是对事业的信仰……

思想

◎ 战士们要相信目标是可以实现的，并非遥不可及。

◎ 他们必须清楚，自己所属的、致力于实现目标的组织是有效率的。

◎ 他们还必须对自己的领导有信心，知道无论面对任何危险和困难，他都不会轻易放弃自己。

物质

◎ 战士们必须知道自己能与指挥官和其他人平等地享受战争成果。

◎ 从人文关怀的角度看，他们需要得到最好的武器和设备。

◎ 他们的生活和战斗环境必须尽量达到最好。

写下这些原则很容易,但进一步完善和运用它们,并获得全军的认可就是另一回事了。

军队士气非常高涨,我们相对于敌人的优势在于我们的精神价值是真实的,不是虚假的。我们是为正义的事业而战斗,不觊觎别人的国土,也不想在任何国家建立自己的政权。我们追求的是纯洁、体面、自由的生活,随心所欲地享受自己的生活方式,坚持自己的信仰,获得自由的身心,并让下一代也享受这种自由。我们之所以战斗,是因为某种邪恶的力量破坏了这些。无论第十四军中的人坚持何种信仰,他们都必须体会到这一点,坚信自己从事了正义的事业,而如果他不捍卫这项事业,他的子孙后代就无法过上体面的生活。仅仅为了事业还不够,他们必须产生一种积极进攻,而非被动防御的信念。因此,我们的目标不是保卫印度、阻止日军前进甚至占领缅甸,而是摧毁日军,将这支邪恶的力量彻底粉碎。

直接与敌人面对面战斗的士兵们会看到,他的所作所为对于战友们非常重要,并能够直接影响战斗结果。部队前进时,负责清扫道路的人、看管垃圾场的人员、枯燥地转接电话的总部接线员、埋头扫地的清洁工、在营地发放长靴的军需官——做这些人的工作更难。要让这些人还有其他人都知道，他们的工作也很重要，这不是一件轻松的事。然而，军中的数十万人都要清楚自己的任务如何服务于整体，对于哪些工作来说必不可少，并为做得好而感到自豪和满足。

这些东西虽然是士气的基础，但它们纯粹与感受和情感有关，所以最难实现，尤其是对军队中的英国人而言。问题在于如何将这种信念灌输到组成第十四军的多个种族的人中去。我觉得只有一种方法可以做到，那就是一对一地交流。这没有什么新鲜的，军团和师指挥官以及下级军官已经在这样做了。这是我们在1942年撤退期间最艰难的日子里，保持部队凝聚力的方式。只有士兵经常看见并且了解自己的指挥官，我们才是一支完整的军队。我现在所做的只是鼓励指挥官们多多开展这些活动，使人们共同面对同一个问题，实现同一个目标，采取同样的行动，而不仅仅停留在言语上。

然而与大多数事情一样，这也要从沟通开始做起。我和指挥官们四处奔走，与各部队、军官小组、总部、一小群人和每一个士兵面对面交谈……

08 学会沟通与激励他人

> **没有不合格的士兵，只有不称职的军官**
>
> 领导力的真正考验并不在于人们是否会在你成功的时候跟随你，而是在你失败和困苦时，他们是否仍然不离不弃。除非他们相信你愿意以诚相待，并维护他们的利益，否则他们不会这样做。
>
> 曾经有段时间，我手下的一个营在战斗中表现不佳。我去了解情况时，发现他们在丛林中又累又饿，脏兮兮的，看起来很紧张；其中一些人受伤了，痛苦地坐在那里，什么也做不了。环顾四周，我看不到一名军官。我绕过灌木丛，突然意识到了失败的原因。军官们围坐在一棵树下吃饭，却让手下的士兵饿肚子。他们忘记了军队的传统，即优先满足士兵的需求。我不得不提醒他们这一点。
>
> 我希望他们不要忘记领导力中必不可少的正直与无私。之后，我再也没听说有谁违背过这一点。
>
> ——威廉·斯利姆将军对英国管理者的讲话

斯利姆随后介绍了不同国家的人听到他讲话后的反应：

> 我还发现，一个人不必成为演说家也能有效地传达想法。有两件事很关键：首先，你要清楚自己要说什么；其次，你自己要相信它。我发现，如果一个人大部

分时间都在谈论人们感兴趣的物质层面，例如食物、工资、请假、啤酒、邮件以及工作进度，那么最后可以用积极的语调来收尾——这是演讲的精神基础，我经常这样做。

为了让那些相对不显著或较为次要的岗位上的人知道自己也是军队的重要一部分，我和指挥官们挨个拜访他们，表现出对这些工作的关注，并让这些人知道所有军官甚至整个军队都依赖他们。军队和其他大型组织中有相当多默默无闻的人，只有出了错才有人意识到他们的存在。如果电话接线员没接错过电话，解码人员没解错过密码，勤务兵没有将文件送到错误的人手上，或者厨师没有将食物做得一团糟，有谁会记得他们呢？但是他们非常重要。而让印度下属明白这一点很难，他们往往来自很低的社会阶层，不会读书识字，也会被阶层较高的同乡看不起。在他们面前，我发现以时钟做比喻效果非常好。"时钟就像一支军队，"我对他们说，"有一个主弹簧，相当于司令官，负责掌控全局；还有其他弹簧，负责驱动齿轮，这些是将军。齿轮代表军官和士兵。有些大齿轮很重要，它们是总参谋长和上校，也就是印度的上层。有些轮子很小，看起来微不足道，就像你一样。但凡有一个小齿轮停了下来，想想整个钟表会怎么样！所以它们很重要！"

08 学会沟通与激励他人

我们激发出每个人对自己和自己的工作的认可，直到行政管理、后勤和非战斗部队的士气与作战部队一样高昂。他们觉得自己直接分享了第十四军的胜利成果，并且与任何人一样享受成功和荣耀。我们让每个人都觉得自己是团队必不可少的一部分，另一种方式就是让他们亲身参与计划的制订，不分职级。当然，对于文职人员，可以通过每天或每周召开例会的方式让他们参与进来，让每个分支或部门介绍自己的活动和未来规划。在这些会议上，他们不仅作为一支团队进行讨论，而且他们也将自己看作是一支团队。对于士兵来说，与军官面谈和参观各个编队内部的信息中心可以代替这种会议。

我们通过这些方式奠定了坚实的精神基础，但这还不够，如果没有思想和物质方面的激励，精神基础也会垮掉。我们必须首先使心存疑虑的人相信，在战斗中消灭日军的目标是可以实现的。我们在很大程度上被"超人"的故事给唬住了。战败之人为了给自己开脱，会说敌人太过强大，对方在备战、设备和地形方面占尽了优势，而他们自己则遭受各种不利因素的困扰。他们面对敌人越胆怯，就越会夸大敌人的优势。因此，有在1943年未曾与入侵者对抗便匆匆逃离缅甸的人，还有处于后方的人之间流传着关于日本有多强大的危言耸听的故事。而那些真正与日本军队作战过的人相信：如果在丛林中赤手空拳地对抗，我们完全可以打败他们；而且在聪明程度和作战技巧方面，我们对于他们也是有过之而无不及的。

当时传来了一条令人激动的消息，我们利用它来大大提高了士气。1942年8月和9月，澳大利亚军队在新几内亚的米尔恩湾对日本军队实施了第一次真正的陆上打击……

斯利姆还下令在前线地区积极巡逻，并采取大规模行动来增强各个编队的自信：

我们提升了军中的士气，每个人都知道我们可以打败日本人，这个目标是可以实现的。

接下来，通过一些小的胜利，大家开始认为自己的军队非常高效，相信第十四军有很强的作战能力……口粮增加了，尽管仍远低于应有的水平；信件越来越多，甚至出现了成立福利机构的消息……

提高士气的其他方法包括改善休息和训练设施，强化纪律标准以及创立报纸等。蒙巴顿将军接管新成立的东南亚司令部时，他的出现和与官兵的私下面谈成了提升士气的关键一步。同时，物资供应逐渐改善，但由于主战场在欧洲，第

08 学会沟通与激励他人

十四军实际获得的供应与他们的需求相比仍然有限,斯利姆谨慎地向士兵们解释道:

> 各级指挥官将这些物资公平地分给了士兵们,不论种族。根据我的经验,导致士气降低的并不是要求人们在物资不足或装备过时的前提下进行战斗,而是他们以为上级领导接受了现状。如果人们知道,各级领导都在全力以赴地为他们争取物资,他们仍然可以用少得可怜的资源创造出奇迹,而不是坐在那里抱怨,就像我手下的士兵一样。
>
> 我并不是说第十四军以苦难为乐,而是他们通过坚定的决心和创造力克服了困难,并以此为豪。从头到尾,他们有两件东西从未出现短缺:智慧和勇气。他们未曾辜负我提出的一句非正式口号:"自助者天助。"军官对自己手下的士兵们说,轻松的工作谁都可以做,而真正的勇士应该克服一切艰难困苦——棘手的工作应交给最出色的人!在我们这里,只有冲在最前面的人才能享受到特殊待遇。当然,由于运输困难,物资常常出现短缺,但是一旦拿到了,我们会千方百计地确保前线人员比后方人员更早地享受到。后方编队和文职人员都接受这一点,愿意放弃自己的那一份来确保前方供应充足,这是最能证明军队精神面貌的一点。在这方面,我

的方法更为激进。如果前线部队只能拿到一半的口粮（这是战时的常态），我会要求将总部人员的口粮也减半。这种做法的实际效果不明显，但作为一种姿态，它非常有价值，能够提醒食欲旺盛的年轻军官，当务之急是尽快让前线人员拿到足额的口粮……

我们也会尽量按照功绩来评判一个人，不因种族、等级或阶级而产生偏见……在由数十万人组成的军队中，必定会发生许多针对个人的不公正行为，但是在各级指挥官的领导下，我相信从整体上来看，第十四军中的每个人都得到了合理的对待。我们竭尽全力地确保了这一点。

我们通过以上以及其他多种方式，从精神、思想和物质层面提升了军队的士气，以增加士兵们对自己和军官的信心，这给我们的朋友留下了深刻的印象，也让敌人感到出其不意。

从这段话中，我们可以清楚地看出，"比尔叔叔"（将士们对斯利姆的亲切称呼）非常善于沟通和激励他人。斯利姆在言行上的正直、天生的威严和人文关怀会让所有见到他的人都深深体会到，并对他产生敬意。在所有人眼中，他体贴、高贵、彬彬有礼。他的传记作者罗纳德·莱文（Ronald Lewin）认为他是一个真正谦卑的人，毫不虚荣、自负或追

08 学会沟通与激励他人

求权势。斯利姆并非没有个人私欲或世俗的想法，但谦卑（莎士比亚称之为"士兵的美德"）取代了这些本能的野心。他的求胜心既没有损害他的声誉，也不会使他抱有过高的期望。相反，斯利姆在整个职业生涯中都没有像其他人一样高估自己。他通过适当的自我质疑平衡了自信心。"有些人浑浑噩噩地生活，而另一些人会吸收并消化生活中的一切，"莱文写道，"斯利姆是一个善于思考的人，他会充分消化过去的经验。令人吃惊的是，在担任高级指挥官时，他经常从多年前发生的看似微不足道的事情中获取经验。在世界这个大课堂里，他始终像一名小学生。"斯利姆还是一位老师——也是为数不多的杰出领导者中有关英国领导传统的优秀教育者。

■ 案例：蒙哥马利

1942年8月13日，在阿拉曼战役前两个月，蒙哥马利接管了第八集团军。他在日记中写道："气氛忧郁而沉闷。"那天晚上，他向第八集团军总部的全体人员发表讲话，大约有五六十名军官。那年，他刚刚担任第四军指挥官，所以面前的人对他表示怀疑。这些经验丰富的军官们不相信这位来自英国的新任将军能够帮助他们扭转最近的一系列败局。蒙

145

哥马利知道，要重新恢复低落的士气，他必须在当晚赢得他们的信任和爱戴。

蒙哥马利站在前任将军的营帐台阶上，等所有人在沙地上坐下。他没有准备演讲稿，而是看着面前的听众说道：

> 我首先要进行自我介绍。你们不认识我，我也不认识你们。但是我们要一起共事，所以必须相互了解、彼此信任。我几小时前刚刚上任。但从我到达以来的所见所闻来看，我要告诉大家，我对你们充满信心。我们将作为一个团队，共同努力为这支伟大军队提振士气，并在非洲取得最终胜利。
>
> 我认为，指挥官的首要职责在于创造"氛围"。在这种氛围中，所有战士、指挥官和部队将一起生活、工作和战斗。
>
> 我不喜欢这里目前的氛围。这里充满了怀疑，大家都在寻找下一个撤离点，对于打败隆美尔（Rommel）毫无信心，甚至采取了绝望的防御措施，在开罗和三角洲找好了地点。这一切必须停下来。我们需要有一种新的氛围……我们将在这里继续战斗。即使战斗到死，也要死在这里。
>
> 我想让所有人知道，糟糕的日子已经过去了。英国新增派的部队已经抵达埃及，并为目前的部队提供

了大量增援。有300至400辆新的"谢尔曼"坦克就快到了,实际上,它们正在苏伊士卸载。首相交给我们的任务是消灭北非的轴心国部队,命令内容写在了半页纸上。我们一定会完成任务。如果你们当中有人认为实现不了,请立即离开,我不想在队伍中看到任何持怀疑态度的人。我们能够、也终将完成任务,这一点毋庸置疑……

我要做的是向你们传递一种氛围,我们将为此工作和战斗;你们要确保这一氛围渗透到第八军团,一直到基层列兵。所有士兵都必须了解作战目标,一旦实现目标,军队将获得极大的信心。

请大家相信我,也相信我所说的将会成为现实。

我们要做的事有很多。我命令你们不得撤退,彻底改变原来的作战计划。另外,我们要开始为发动大规模进攻作好准备……

要记住一点,我们将一举歼灭隆美尔的军队。这会非常容易,毋庸置疑。他是我们的眼中钉,所以我们要给他致命的一击。

蒙哥马利走下台阶时,军官们站起来立正。"现场一片寂静,如果不是在沙漠,人们都能听见针掉在地上的声音,"蒙哥马利回忆道,"但这肯定产生了深远的影响,而且当天晚上，人们心中出现了希望。"参谋长德甘冈将军（General de Guingand）表示同意："这是他最伟大的成就之一，"他写道，"这次演讲的效果有如一次电击——简直太棒了！那天晚上，我们所有人都怀着新的希望入睡，并对军队的未来充满了信心。我真希望有人将这场演讲速记下来，因为它一定会成为经典。"幸运的是，有人将演讲内容速记下来并保存了多年，1981年首次出现在印刷作品中。

> **合作意识**
>
> 我让士兵与我并肩作战。我总会告诉他们我要做什么，以及我想让他们做什么。要让士兵们觉得自己很重要，并且有参与感。
>
> ——蒙哥马利元帅

无论蒙哥马利本人有多少缺点，也无论有多少军事历史学家对他某些决定是否明智存在争议，但很少有人会否认他在部队中得到的忠诚和信任。他有着异乎寻常的积极态度，是所有领导者的榜样。蒙哥马利的秘诀很简单，但也很难做到：在战斗或演习之前，他会细致地解释自己的计划以及制定计划的具体过程。他会亲自向各个编队里的大部分人介绍情况，并坚决要求将这些信息分享给每一个士兵。蒙哥马利

08 学会沟通与激励他人

当然无法认识每个士兵,但实际上,每个士兵都认识他,并且给予他深深的信任,百年之内无人能敌。

■ 远程通信的影响

与早些时候的伟人一样,斯利姆和蒙哥马利也会亲自写演讲稿。如今,政治领导人往往会聘请专业写手来帮助他们更有效地沟通。但是用别人的话来激励他人很难表现出诚意,毫无激励效果。广播和电视的出现使事情变得更糟,这些媒体虽然在某些方面对于领导者、国家或大型组织大有裨益,但它们也让领导者重新产生一种错觉:以为自己能够创建并维持领导"形象",而不必培养实际素质和能力。

■ 本章要点:学会沟通与激励他人

● 双向沟通是领导力的必备素质,包含说、听、写、读等基本能力。一个好的沟通者要做到准备充分、思维清晰和语言简洁。

● 善于聆听的领导者非常罕见。要提高聆听效率,你不仅要全神贯注,还要认真探究言语背后的深意和情感。聆听也离不开眼睛，因为很多沟通不仅是口头上的。

● 领导层面的沟通不仅仅在于传达信息或想法，还要燃起对手头工作的动力和热情。领导者要做的不是用自己的能量去感染其他人，而是激发出他们身上原本已经存在的伟大之处。

● "任何人都可以在平静的海面上掌舵。"而如果海面开始颠簸、人们逐渐失去方向和联络，这才是最考验沟通能力的时候。当所有人都对未来的前景表示担忧时，你是否传递了希望？

● 斯利姆和蒙哥马利是大型跨国组织战略领导者的研究对象。双方都擅长与人沟通。尽管他们并非天生具有个人魅力，但是掌握了沟通和激励他人的技巧。他们遵循了三环模型的基本原则（详见第26页），并从中获得了灵感。

● 组织中良好的（下行、平行和上行）沟通的表现在于，每个人都将自己看作是企业的合伙人。

重要的不仅在于说了什么，还有说话的人，也就是透过语句表现出的人格。

——罗斯伯里勋爵（英国前首相）

---

09 领导风格

> 天才之人希望生活在困难时期；
> 艰难的形势呼唤伟大的领袖。
> ——阿比盖尔·亚当斯

领导者会根据自己的个性、手下人员和时代背景而表现出截然不同的领导风格。本章将通过六个案例来探究这些因素。前三个案例——亚伯拉罕·林肯、伊丽莎白一世和戴高乐——他们在各自的国家都是伟大的政治领袖。而希特勒可称得上是"伟大的误导者"（great misleader），他的不择手段和缺乏道德将他与以上三位领导者区分开来；但我们仍然可以从他身上学到一些东西——拜伦曾写道："知恶才能知善。"圣雄甘地和纳尔逊·曼德拉的领导风格与希特勒的腐败和专制形成了鲜明的对比，两者也都具有超凡的个人魅力，他们彰显了苏格拉底、老子和耶稣的学说中隐藏的关于伟大领导力的真理。

关于伟大

"伟大"（greatness）是一个表示程度的词，它可以单独或共同应用于职位和级别、知识或人品——领导力权威的三个方面。在民主国家中，职位或级别最高或处于社会顶层的人不一定是国家的统治者。最高管理者或机构由人民推选，他们倾向于选举如埃德蒙·伯克（Edmund Burke）所谓的"天然贵族"：体现民族品德，并具有领导才能的人。里根总统在美国如此受欢迎，部分原因在于民众认为他具备优秀的美国人应有的品质。

因此，伟大的领导者往往担任国家的最高职务，但并不一定来自伟大的家庭（如温斯顿·丘吉尔）或者地位较高的社会阶层。他拥有知识和人品的双重权威，但还不够，为了被历史所铭记，他还要取得伟大的成就。从历史的角度看，伟大的成就需要经过时间的严格检验，有益于全人类的福祉。因此，要判断一位领导者是否伟大，我们首先要明确他的成就。

谁是最伟大的领导者？最近，有人向不同国家的受访者提出了这个问题。他们大多选择了帮助国家赢得自由或独立，或保护自己的国家免遭侵占的领导者。

对于美国人来说，乔治·华盛顿和亚伯拉罕·林肯就是

09 领导风格

这样的领导者。英国人选择了捍卫本国自由的人，例如阿尔弗雷德大帝、伊丽莎白一世或丘吉尔。荷兰人提到的是奥兰治的威廉王子，历史学家约翰·莫特利（John Motley）曾写道："他活着时，是这个勇敢国度的启明星；他死后，街上的小孩子都会为他哭泣。"

希腊人甚至追溯到了亚历山大大帝，但是1911年被选举为希腊总理的克里特岛人厄琉特里俄斯·维尼齐罗斯（Eleutherios Venizelos）也得到了一些票数。（希腊人没有将"领导者"一词与实业家关联在一起。例如，在他们眼中，船王亚里士多德·奥纳西斯就不算是领导者。）新兴国家的人认为，带领他们获得独立的人是伟大的领导者，例如肯尼亚的乔莫·肯雅塔（Jomo Kenyatta）或加纳的克瓦米·恩克鲁玛（Kwame Nkrumah）。在南美，带领人民摆脱西班牙殖民统治的西蒙·玻利瓦尔（Simon Bolivar）仍然深受敬重。

面对这个问题，北越无疑会提名伦敦卡尔顿酒店的一名前厨师——胡志明。这位领袖谦逊、难以捉摸的态度背后有着坚强的意志，使他能够长期反抗法国和美国这两个强大的现代国家。

与许多革命者一样，胡志明在走向国家领导的道路上屡次遭受身体上的折磨，一次次被逮捕和监禁。在云南，他"挂着镣铐，身上满是伤痕，与最凶恶的土匪关在一起，与死刑犯打交道，就像个死人"。胡志明与摩西一样，没能活着看到最后的胜利，但他对此充满了坚定的信心。像他这样的领导者往往是开国之父，代表着新兴国家的理想和渴望。

本章第一个案例——亚伯拉罕·林肯在美国历史上就是这样的人物。除了维护美国统一这个历史性成就之外，林肯简单、直接、富有同情心的领导风格，已成为后来立志带领同胞们建设这个伟大民主国家的领导者们所效仿的对象。

亚伯拉罕·林肯

林肯作为领导者的最大天赋在于他有着明确的愿景。1861年5月，在他就任总统之前，即将下台的民主党决定政府无权阻止任何一个州脱离联邦。林肯认为，奴隶制是时间和常识可以解决的问题，而一旦联邦消失，它很可能永远不会恢复。北美洲可能变得像欧洲一样，变成一块因不和、嫉妒、经济对抗和战争而四分五裂的大陆。他在给《纽约论坛报》编辑霍拉斯·格里利（Horace Greeley）写的信中清楚说明了自己的目标：

09 领导风格

> 我在这场斗争中的首要目标是拯救联邦,而不是拯救或摧毁奴隶制。如果我需要在不解放任何奴隶的前提下拯救联邦,我就会这样做;如果我可以通过解放所有奴隶来做到这一点,我也会这样做;而如果我可以通过解放一部分奴隶来拯救联邦,我仍旧会这样做。

因此,林肯给北部各州定下了明确的目标。他的面容坚定且威严,瘦削的脸上布满了严肃的神情,传达出了一种镇定的情绪,也恰到好处地体现了手足相残的悲壮感。

威廉·梅克比斯·萨克雷(William Makepeace Thackeray)写道:"在战争的所有疑虑和黑暗、危险和漫长的暴风雨中,我相信只有这位美国领导者坚不可摧的灵魂才是永恒的。"

尽管林肯在各州交战期间担任总统和总司令,肩负着沉重的责任,但他仍然能抽出时间去关怀个人。他的温柔之处从他给内战的受害者比克斯比夫人写的信中很好地体现出来:

亲爱的夫人:

我从国防部一份来自马萨诸塞州指挥官的报告中获悉,您是一位母亲,您的五个儿子都在战场上光荣捐躯。

155

我找不到任何语言可以抚慰您如此巨大的悲伤,但我一定要以他们付出生命所拯救的国家的名义向您致谢,希望能给予您一定的安慰。

我祈祷上天减轻您的丧子之痛,只给您留下有关所爱和失去之人的宝贵记忆,还有您在为自由的圣坛上供奉了如此之多的庄严的自豪感。

您非常忠实和尊敬的

亚伯拉罕·林肯

林肯关于基督教信仰的呼唤完全是发自内心的。他所行使的领导风格深刻地借鉴了基督教的传统。他对上帝充满信任,并在万物之主面前保持谦卑,使他有一颗坚定而慷慨的内心。1865年3月4日,林肯在第二次就职演说中,向整个国家呼吁:

我们对任何人都不怀恶意,我们对任何人都抱好感。上帝让我们看到正确的事,我们就坚定地信那正确的事;让我们继续奋斗,完成我们正在进行的工作;去治疗国家的创伤,去照顾艰苦作战的志士和他的孤儿遗孀——尽力实现并维护在我们自己之间和我国与各国之间的公正和持久的和平。

09 领导风格

在林肯的领导下,美国最伟大的成就是维护了国家统一。"如果不把在这次航行中拯救联邦这条船当作共同的任务,后人就没法在下一次航行中继续驾驶它。"林肯在内战开始之初对俄亥俄州克利夫兰的民众说道。

战争即将结束时,林肯遭到了刺杀。伟大的领袖常常是潜伏在人类沮丧的灵魂中的所有仇恨、恶意和嫉妒的克星。就领导力而言,林肯给美国留下了巨大的遗产。他是领导着一个伟大国家的伟大领袖的代表。林肯最好的墓志铭或许是他自己说过的话,关于他少年时代的田野和农场:"如果我死了,我想让最了解我的人来致悼词,告诉大家我喜欢采摘蓟,并在我认为条件适宜的地方种下一朵花。"

伊丽莎白一世

伊丽莎白女王一世也为自己的国家留下了巨大的领导力遗产,她不仅是国家元首,还是英格兰教会的首脑。作为女性,她统治着一个男权的世界,而且继承了以布狄卡[①]

[①] 原文为Boudicca,英格兰东英吉利亚地区古代爱西尼部落的王后和女王,领导了不列颠诸部落反抗罗马帝国占领军统治的起义。——译者注

为代表的伟大部落王后的衣钵，为未来担任各自国家的领袖，并进一步激励后来的女性领导者敞开了一扇门：其中包括全球首位女总理——斯里兰卡的西丽玛沃·班达拉奈克（Sirimavo Bandaranaike）、英迪拉·甘地（Indira Gandhi）、戈尔达·梅厄、伊莎贝丽塔·佩隆（Isabelita Peron）、玛格丽特·撒切尔、贝娜齐尔·布托（Benazir Bhutto）和科拉·阿基诺（Cora Aquino）。

伊丽莎白的思维能力很强，经过文艺复兴时期的教育后得到了进一步提升。她利用自己的才智和外交手段巧妙地避免了政治和宗教领域的冲突。

1588年，面对西班牙无敌舰队的入侵威胁，女王表现出了勇气和决心。尽管无敌舰队被击败，但有一段时间，人们以为驻扎在荷兰的西班牙军队仍然对英国虎视眈眈。在这种情况下，尽管有人担心她的安全，伊丽莎白还是决定前往蒂尔伯里（Tilbury）访问军队。她在军队面前走过，士兵们向她跪拜。"上帝保佑你们。"她大声说。第二天，她手持木棍，骑着一匹高大的马，观摩了一场模拟战后对军队进行视察。随后，她向军队发表了一场精彩绝伦的演讲：

> 我可爱的子民们，为了避免背叛行为，有些为我们的安全着想的人曾劝我们不要把性命托付于武装人员。但是我向你们保证，我不会对我忠实又可爱的人民有任

09 领导风格

何不信任。

这只会让暴君胆战。我总是按上帝的意旨行事,将最大的力量和安全保证寄托在忠心和善意。因此,我来到了你们中间,如你们所见,现在这个时候,我要的不是消遣和娱乐,而是在战争白热化的阶段决心参战,与你们一起同生共死。为了我的上帝、我的国家、我的人民、我的荣誉、我的血统,牺牲在尘土中也无怨无悔。

我知道,我只不过是一个弱女子,但作为英格兰国王,我仍有着一颗王者之心。想想意大利、西班牙,以及欧洲其他国家居然敢来侵犯我们的领土,这是多大的耻辱,这比对我个人的侮辱还要恶劣。因此,我要拿起武器,成为你们的统帅、审判官,奖赏你们当中英勇抗战的人。我知道,你们的勇敢是应当得到奖赏的;我向你们保证,你们会得到补偿的。

弗朗西斯·德雷克

在西班牙无敌舰队侵略英国期间,受到伊丽莎白感召的人包括弗朗西斯·德雷克爵士(Francis Drake),他是英格兰最伟大的船员之一。

建立团队合作是一种长期需求。德雷克通过在不和谐的军队中创造团结,证明了自己的领导才能。在环游地球的漫长航行期间,船员之间麻烦不断。长期的寒冷、艰苦的条件和暴风雨天气加剧了船上的纷争。为了以后对抗西班牙殖民者，德雷克召集了很多绅士以培训一批军官。这些人对于船上的体力活感到苦不堪言，令船员们很不高兴。士气低落背后还有更深层次的原因：德雷克并未告诉工作人员为什么要召集这样一群人。他没有赢得人们的心。发现这个问题后，德雷克决定采取行动。他在岸上召集了三艘船的代表，直截了当地告诉他们，必须停止一切纷争。

"我要耗费心力去解决这些问题，船员与绅士的争吵，以及绅士对船员的怨恨。听到这些，快让我疯掉了。但是，我必须将所有人留下来，我必须让这两方齐心协力。我们要向所有人展示为一个整体，不要让敌人因为我们的衰弱和垮台而窃喜。"

然后，德雷克让不想加入团队、只想回家的人登上"金盏花"号。但是他补充道，如果那艘船挡了自己的路，他会将它击沉。没有一个人大声表示想要回家。德雷克随后解雇了船长和军官。他点名批评了个别行为最恶劣的人，这些人在他面前屈膝下跪。德雷克为自己最近有争议的行为做出了解释，并介绍了这次航行的目的，随后恢复了军官的职位，再次强调这些人是为女王服务，而不是为他服务。通过这些手段，他使所有人自愿服从自己。不久之后，德雷克将领头的战舰改名为"金鹿"号，代表新的开始。

09 领导风格

尽管伊丽莎白以英勇无畏与合作精神感染了她的追随者，但她在细微之处也做得很好——她利用巧妙的手段吸引了追随者或同事。她永远躁动不安，且工于心计，在充满各种可能性和危险的迷宫中摸索前进的方向。她仔细地观察并摆布他人的情感，仿佛弹琴一样。她用一种女性的温柔改变了严苛的王室氛围。有一次，伊丽莎白前一天在议会中向马修·帕克大主教（Archbishop Matthew Parker）说了一些"不客气的话"，大主教感觉有必要在兰贝斯桥与她见面。"她认真地盯着我，"大主教困惑地写道，"在我耳边悄悄地说，她一定会在人们面前维护我的权威，认可我的服务。"事后想想，帕克发现自己处于一种艰难的境地，他向塞西尔勋爵抱怨道："女王对我说，我拥有最高的教会职务，但是被这么多琐事拖累，这个职务有什么意义呢？"

诚实（integrity）作为直白地说话、光明正大地做事的品质，是英国领导者追求的一种理想。莎士比亚在《哈姆雷特》中写道：

> 最重要的是，必须对自己忠实，
> 正像有了白昼才有黑夜一样，
> 对自己忠实，才不会对别人说谎。

尽管伊丽莎白有时也会使用权术，但这位杰出的领袖从不缺乏真诚,这是她的显著特征。因此,她始终拥有人们的信任。

■ 夏尔·戴高乐

温斯顿·丘吉尔提到夏尔·戴高乐时说过:"我们在航行中参考着相同的星星。"两位政治家都肩负着各自国家的历史使命。戴高乐被法国辉煌的过去深深影响。宏伟(grandeur)、荣耀(glory)、伟大(greatness)——戴高乐在演讲或写作中经常提到的法语"grandeur"一词可以做多种解释——这些都是用来形容法国的。他一生致力于带领法国重返巅峰。在向上攀升的过程中,整个国家将遵循共同的目标。他曾经说过:"法国只有在从事一个伟大的事业时,才能显示她的真正面目。"[①] 他将自己看成是法国人民经久不衰的良好品质的化身,而他作为领导者的责任是奋发法兰西精神。

戴高乐在"一战"期间担任法国陆军军官,身受重伤并被德军俘虏。在《未来的军队》(1934)一书中,他指责

[①] 转引自[美]理查德·尼克松著:《领袖们》,施燕华等译,海南出版社2012年版。——译者注

09 领导风格

法国过于依赖"坚不可摧"的马奇诺防线。1940年，他拒绝接受贝当元帅（Marshal Petain）与德国人休战的建议，成了英格兰"自由法国人"的领袖。他永远不会接受法国投降。戴高乐在《战争回忆录》的开篇写道："在我的一生中，我对法国都有一定的想法。"他认为，法国注定要取得辉煌成就或经历重大灾难，"如果她表现出平庸，我会觉得这是荒谬的举止，这一切应归咎于法国人的过错，而不是这个伟大的国家。"法国只有"走在前列"才能成为真正的法国；只有以超越其他国家为目标，使法国处于领先地位，才能克服法国人民涣散的天性。"简而言之，对我来说，不再伟大的法国不能称作法国。"

为了实现这一愿景，法国需要一位伟大的领导者。戴高乐1942年对美国海军上将哈罗德·史塔克（Admiral Harold Stark）说道："在领导人失败的时候，新的领导人就从永恒的法国精神中涌现出来。代表这种精神的，有如从查理曼和圣女贞德，到拿破仑、庞加莱和克里孟梭等。"他补充道："也许这一次，我就是因为其他人的失败而被推到领导位置的人。"他对此深信不疑。他的军队在洛林十字架的旗帜下前进，圣女贞德曾在百年战争中用同样的旗帜率领法国人民奋起反抗英国。

1944年，戴高乐回到巴黎，并担任临时政府首脑，直到1946年因抗议第四共和国新宪法的失败而辞职。12年后，在企业纷纷破产、内战迫在眉睫之时，他临危受命组建了新政府。作为总理，他要求在宪法中明确规定立法机构直接向总统负责。1959年，他就任总统。随后，法国经济逐渐复苏，殖民问题也得到最终解决，但在追求国家利益和"伟大"（grandeur）的过程中，他反对"盎格鲁－撒克逊人"对欧洲的影响。1969年，他的政府在宪法改革的全民公决中失利，他辞去总统职务，并于次年去世。

戴高乐不仅在行动中体现出独特的领导风格，还就此写过文章。他认为，有个性的人要成为有效的领导者，还需要变得"伟大"。"他必须高瞻远瞩，证明自己有远见，且不拘小节，这样才能在普通人中树立权威。"如果他允许自己对平凡的事物感到满足，他在别人眼中将只是优秀的奴仆，但"永远不会成为肩负人类信仰与梦想的主人"。

这些话语的背后是关于领导力的思想传统，这种传统至少可以追溯到拿破仑。1965年，戴高乐接受《纽约时报》采访时宣称："谁做事不重要，重要的是谁负责指挥。"作为"一战"期间的一名年轻军官，他曾在斐迪南·福煦元帅（Ferdinand Foch）的手下做事，后者负责率领西方战线的所有军队。福煦是拿破仑式领导传统的典型代表，他曾写过关于这位军事指挥官的文章。"对他来说，要思考和发挥意志，仅拥有智慧和精力是不够的；他还必须拥有权威，也就是将自己的最大能量传递给民众——也就是他的武器——的

09 领导风格

天赋。"

这种传统在戴高乐关于领导力的短篇作品《剑锋》（*The Edge of the Sword*）中得到了体现，该书是戴高乐在法国战争学院发表的演讲合集，于1932年出版（当时戴高乐是一名41岁的军官，在军队以外鲜为人知）。在这本书中，他提出了三个关键的领导素质。为了制定正确的路线，领导者需要有智慧和直觉；为说服别人遵循他的路线，还需要有权威。

戴高乐指出，领导者都了解直觉或本能的重要性。他写道，本能使领导者能够"深入探究事物的规律"，看透问题或局势的本质是他们天生的分析能力。"我们的智慧可以为我们提供事物的理论性的、一般抽象的知识，但是只有直觉才能给我们对事物以实际的、具体的感触。"只有当领导者合理运用智慧或理性以及本能或直觉时，他的决策才具有前瞻性。前瞻性指的是知道朝着哪个方向去引领，这优秀领导力的基本要素。

但是，如果没有人跟随，仅仅知道方向是不够的。戴高乐在演讲中强调，领导者"必须能够在他手下的那些人心目中树立信任精神，他必须能够确定他的权威"。

> 肯特：在您身上的气质中，有一种什么力量，使我愿意叫您做我的主人。

> 李尔：是什么力量？
> 肯特：一种天生的威严。
> ——威廉·莎士比亚（引自《李尔王》第一幕第四场）

戴高乐认为，权威来自名望。对他来说，名望大体上是一种感觉、暗示和印象，取决于与生俱来的天赋，而天赋是一种无法分析的天生的颖悟。这种天赋是少见的，"某些人在出生时就具有这种洋溢着权威的品质，它就像一种液体，尽管不能确切地说出它的成分是什么"。

戴高乐创造或维护这种威严（我们现在也称之为"个人魅力"）的秘诀，正是古时波斯在统治者和臣民之间保持距离的现代版本。在《剑锋》一书中，他写了如何在领导者周围创造一种必要的神秘气氛：

> 首先，最重要的是，没有神秘就不可能有名望。因为亲近滋长轻视。所有的宗教都有神龛，任何人在他的贴身侍从眼里都成不了什么英雄。领导者在他的计划和举止中，必须永远有些东西使别人感到高深莫测，这些东西使他人迷惑、冲动，而又能吸引住他们的注意力。……超然、清高和缄默的化身，使那些准备肩负常人无法承担的重担的人享有声望。
>
> 他们为领导地位所付出的代价是不断的自律、频繁

09 领导风格

的冒险和永恒的内心挣扎……这种笼罩在王权周围的模糊的忧郁感由此而来。

尼克松总统回忆戴高乐

我回忆起1963年11月戴高乐来肯尼迪总统葬礼时，那种引人注目的仪态仍然历历在目。我和夫人从我们下榻的五月花饭店的一个套房的窗户里观看送葬行列。来自全世界的大人物和将成为大人物的人走在棺材的后面。戴高乐不仅身材魁梧，而且似乎在举止庄严、形象和领袖魅力等方面也都超过他人。

每当我见到戴高乐时，不论是公开场合还是私人会见，他都显示出文雅的，甚至是高贵的仪态。他果断的举止使他在某种程度上给人以孤僻的感觉……当他与别国首脑打交道时，如果认为对方和他才智相当，他便从容自然，但绝非不拘礼节，甚至对亲近的朋友也是如此。

作为一个国家要人，戴高乐吸引着一帮赤胆忠心的支持者。但他和他们保持着相当大的距离，这反映了他自己的名言："没有名望就没有权威，而不保持一定距离，也就不可能有名望。"在他的爱丽舍官的办公室里，在靠近他书桌的一张桌子上有两部电话机，可是铃声从来不响，他把电话看作是现代的一个无法容忍的讨厌的东西，即使他的最密切的顾问，也不敢直接打电话给

高效领导大师班 EFFECTIVE LEADERSHIP MASTERCLASS
全球传奇管理者传授成功的秘诀

> 他……在凡尔赛宫的宏伟建筑中，戴高乐看起来就像在家里一样。他从不摆架子，但他周围似乎总有一种威严的气息。
>
> ——理查德·尼克松（引自《领袖们》）

在内阁会议上，戴高乐不会长时间参与讨论，他会认真听取部长们的发言，认真地记录。如果他想与某位部长交流观点，他会安排私下会见。充分了解情况后，他会将所有人支开，独自一人作出重大决定。他认为，领导者必须有思考的时间，并坚持每天花几个小时专心思考问题。

为了保持神秘感，戴高乐避免与任何同事建立友好的关系，同事当中没有一个人曾经用过比"我的将军"更为亲切的字眼来称呼他。甚至有人指出，戴高乐会定期更换身边的员工，避免他们对他太了解。他不喜欢在工作中闲聊，但在招待会或晚宴上，他作为主人或宾客总是彬彬有礼。然而，他温暖的情感只留给了家人，对外，他将这些情感完全隐藏了起来。

蒙哥马利元帅在《领导力之路》一书中谈到了戴高乐："有人认为他的举止很冷淡，而且缺乏作为杰出领袖的人格魅力。从表面上看似乎确实这样，他给人一种缺乏幽默感、几乎没有真正的朋友的印象。实际上，他很害羞，不太容易

09 领导风格

敞开心扉。但是他有一颗热情而大度的心,一旦你开始了解他,就会很快发现这一点……他具有我非常敬佩的领导才能——在危机中保持镇定、擅于决策、知进退,而且有时间思考。"

戴高乐具有的个人魅力,蒙哥马利并没有看出来,即使蒙哥马利试图在同胞面前将戴高乐描绘成一个高大的形象。而个人魅力与语言和文化息息相关。对于大多数法国人来说,戴高乐无疑是一位伟大的领袖。例如,在阿尔及利亚危机期间,法国人跟随了戴高乐的领导,因为在最危急的时刻,他似乎是"唯一靠得住的人"或"唯一可以拯救法国的人"。他后来的表现为他赢得了深深的尊重和广泛的欢迎,但他从未以宗教的方式受到人们崇拜。在那场危机中,他穿着军官制服出现在电视上——为了强调自己的威严。他以镇定、自信的态度呼吁全国人民给予支持。他后来写道,自己必须表现得"足够欢快和自然,从而吸引并保持人们的注意力",同时不会因"过度的手势和扭曲的表情"弄巧成拙。在广播演讲的最后,他深情地呼唤道:"法国人民,法国人民,帮帮我,帮帮我吧!"

"尽管其他人作出的贡献比戴高乐大,但是很少人具有他那样坚强的性格。"理查德·尼克松在《领袖们》一书中,很好地总结了戴高乐作为领导者的品质。"他是一个顽强、任性、自信心极强的人,极端利己主义者,同时又是一个极端无私的人。他想得到的东西，并不是为了自己，而是为了法国。他生活简朴，理想远大，像演戏一样，他扮演的是他自己创造的角色，而这种角色只适宜于由一个演员来扮演。而且他也塑造自己，使自己能适应这个角色。他创造了戴高乐这个公职人员——法国的化身。"他是一个反常、害羞而且超脱的人，但也是伟大的法国领导者。

阿道夫·希特勒

希特勒实际上不是德国人，他出生于奥地利，当时还属于奥匈帝国，是德国在"一战"期间的主要盟友。他与拿破仑一样，通过后天的努力成了一个大国的领袖。

德国作为一个统一的国家比法国年轻得多。拿破仑率先在德国西部实现统一，形成了"莱茵联邦"（1806年），并引入了法国大革命的思想和改革，这种影响随后向东传播到了俄罗斯。尽管德国人民受到了迫害，但民主和民族团结的思想传播开来，并引发了1848年的革命（以失败告终）。工业的发展使民族团结有了经济上的必要性。在俾斯麦的领导下，普鲁士打败了奥地利和法国，并对统一的德国实行霸权统治。德国与英国、法国和俄罗斯在政治、工业、殖民地领域的对抗，成了"一战"的起因。1918年，一场革命推翻

09 领导风格

了这个君主制国家。社会主义者掌权并建立了民主的魏玛共和国。持续的经济危机使德国几乎发生革命,为解决这一问题,德国国民社会主义工人党(一般称为"纳粹党")上台。作为纳粹党的领导人,阿道夫·希特勒在1933年就已经成为实际上的统治者,第二年正式成为国家元首。

德国宣传部部长约瑟夫·戈培尔(Josef Goebbels)为希特勒精心设计外形和演讲,创造了一个强大的领导者形象,代表德国所有美德的典范。据称,戈培尔是第一位对寻求最高政治职位的服务对象产生极大吸引力的公关专家,也是最成功的一位。

马基雅弗利与领导力

尼科罗·马基雅弗利的研究主题是权力:如何取得和维护权力。他所说的"权力"(power)指的是人民对统治者意志的屈服。这位意大利哲学家、作家和政治家推崇古罗马的一句谚语:"只要他们感到畏惧,就由他们去恨吧。"古罗马哲学家和政治家塞涅卡(Seneca)对这句话表示谴责,认为它是一种卑鄙、可憎、致命的观点。英国人站在塞涅卡这一边,但马基雅弗利没有。"受到畏惧远比得到爱戴好,"他写道,"人类是可悲的生物,当对自己有利时,他们会打破爱的纽带;但是恐惧会因对惩罚的害怕而加深,所以惩罚总是有效。"

> 他的历史性言论——一个因内战而四分五裂并且为强大的邻国所统治的意大利——在很大程度上解释了他推崇强大而擅长暴政的独裁者的原因，这些人掌握了奴役自由之人的一切巧妙而残酷的方法。他在《君主论》（1513）中写道："人们要么得到很好的对待，要么遭到狠狠地打压，因为他们可以为轻伤复仇，而重伤却不行。"这符合马基雅弗利的主张。
>
> 统治者应该使自己摆脱道德约束，但是私下里他可能会为此感到后悔。当然，他不应该像尼禄一样惨无人道，但是对于完成任务必须采取的行动，他绝不能袖手旁观。他唯一的标准应该是必要性，而不是道德感。"一位君主要想牢牢把握权力，"他写道，"就必须能够在必要时采取不光彩的手段。"
>
> 马基雅弗利告诉我们，君主或统治者不必具备与领导力相关的素质或美德，只要看起来有就可以了。"君主没有必要具备所有的美德，但一定要看起来拥有它们。"君主甚至不需要假装谦卑，因为这种美德在治国之道中毫无用处。独裁者最重要的是力量、意志、勇气、饱满的精神、技巧和效率。

希特勒确实具有领导才能，因此才能爬到国家权力的最高位置。这样看来，他的形象背后的确存在真实的素质。此

09 领导风格

外,他相信自己作为领导者具有超人的能力,尤其是在军事领域。他的气场很强大,因为他不遗余力地让自己表现出这一点。他可能读过或听说过德国社会学家马克斯·韦伯所定义的"有个人魅力的"领导者的概念。希特勒有意地通过发挥内在力量,来唤起人们对他的敬畏和效忠。他的蓝眼睛略微突出,在他统治下的德国人眼中似乎闪耀着光芒。很多人都无法承受他的凝视,发现了这一点后,希特勒会一动不动地直视着人的眼睛。他有着浑厚的嗓音、充满活力的肢体语言和逐渐上扬的语调,这些对广大的德国群众有着不可抗拒的吸引力。政党集会也为他发挥个人魅力创造了氛围:在这些场合,观众和表演者共同创造了一种魔力。那些见过希特勒的人很难说清楚他对自己产生了哪些个人影响。"它像是一种心理力量,从他身上散发出来,就像一种磁场,"某个人写道,"这种力量如此强烈,几乎能看出形状。"

希特勒手下的建筑师、后来的装备部长阿尔伯特·斯佩尔(Albert Speer)认为,他的主人最大的优点在于出色的识人能力:

> 他了解人们隐秘的邪恶和欲望,知道他们认为自己有哪些美德,知道他们隐藏的野心以及隐藏在爱与恨背后的动机,知道他们在哪些方面会受宠若惊,在哪些方面容易受骗,在哪些方面坚强或软弱;他知道所有的一

切……完全凭直觉和感受，在这些事情上，直觉从未给过他误导。

这种天赋给予了他超越常人（包括斯佩尔本人）的非凡力量。但这并没有让希特勒对自己的同胞有任何同情，反而使他对别人极为鄙视。

"二战"初期，希特勒表现出了元帅的风范，但很快就完全陷入了困境。尽管他偶尔会有直觉，再加上对数据的出色记忆和对军事硬件的深入了解，但仍缺乏希腊人所说的"phronesis"，也就是"谨慎"。他缺乏实践智慧或常识。德国最优秀的专业士兵之一、对希特勒始终怀有敌意的冯·曼斯坦因（von Manstein）元帅也承认，他"对于作战时机有一定的眼光"。但在曼斯坦因看来，外行人也经常表现出这个特点。曼斯坦因进一步补充道，由于高估了手头的技术资源以及对可能的结果评估不足，使人的双眼被蒙蔽了。

希特勒也不擅长聆听，这是领导力的另一个致命弱点。他与富兰克林·罗斯福（他没有军事经验，但身为总统，他成了美国三军总司令）形成了鲜明的对比。这表明，缺乏知识，加上过于相信自己的直觉，会产生危险的后果。在"一战"期间，曾在战壕中服役的希特勒升任为军士。另一方面，拥有丰富军事背景的丘吉尔时常听取参谋长的建议，即使最终仍然坚持自己的想法。

09 领导风格

战争接近尾声时，希特勒周围形成了一种气氛。这场灾难结束后不久，他身边一名高级总参谋长对此进行了描述。他在1945年3月和4月期间向希特勒汇报情况时曾体会到这一点，并对此感到厌恶。他写道：

> 我的印象——我在与其他人的谈话时发现，绝不只有我一个人有同样的感觉——是，这种奴役、紧张和虚伪的气氛不仅会使一个人精神上感到崩溃，甚至可能造成身体疾病。
>
> 除了恐惧，没有什么是真实的。人们对一切产生恐惧——从担心不知道因何惹怒元首，或因一些不明智的建议导致他发火，甚至纯粹因为战争快要结束了而担心自己的生命安全。

在希特勒面前感到恐惧是可以理解的，他与拿破仑一样易怒，且令人感到害怕。这也体现出希特勒缺乏理性。时隔14个月，古德里安将军在斯大林格勒战役后首次面见了希特勒。他说，在此期间，"他很容易发脾气甚至暴怒，让人难以捉摸"。

对于那些反对他的人来说，希特勒是残酷无情的。他认为，任何军官都无权违反他直接或间接发出的命令。曾有一位违背他的军长被送上了法庭，后来被枪决了。一些高官最终找到了应对他的方法。例如，莫德尔元帅就取得了希特勒的信任，因此能够对他提出反对意见。他避免提出过多请求：要么提出了有力的建议，要么只是汇报自己已经完成的工作。希特勒的追随者们也找到了左右他的方法。根据斯佩尔的说法，希特勒没有觉察到那些人对自己的摆布。

他显然对处心积虑的欺骗毫无防备。戈林、戈培尔、博尔曼以及希姆莱都精于此道。那些与希特勒开诚布公地探讨重要问题的人往往无法使他改变主意，而这些懂得如何影响希特勒的狡猾之人自然而然地增强了自己的权力。但是，希特勒越来越固执地坚持自己最初的立场，不管别人提出任何反对意见或其他选择，他开始更多地驳回不符合他的规划的意见。当他无法再忽略这些意见时，他会将无法接受的失败归咎于执行命令的人不够称职，包括当地的现场指挥官、战地指挥官以及原总参谋部的成员，他越来越不信任这些人的基本态度。

希特勒直到死前还傲慢地认为，是德国人民令他失望了：他们配不上他的伟大，失败是他们自己造成的，他遭到了人民的背叛；总有一天，历史会证明他有多出色。

"对于追随伟大领袖的人来说，犯错是一件光荣的事。"公元1世纪，罗马的修辞学教师昆图利安写道。一切尘埃落定时，阿尔弗雷德·斯佩尔和约德尔将军等人几乎都用类似的说法为自己的行为开脱。虽然现在一切道理和常识都很明

09 领导风格

确,而且希特勒也去世了,但他们仍然感觉自己受制于他。他们仿佛认为自己是刚刚从催眠中醒过来的傀儡,为自己丧失心智时发生的事感到愧疚。除了坚定不移的纳粹分子外,德国民族在不同程度上都经历了同样的感受。

显然,希特勒不是一个伟大的领导者。除了带领人民走向彻底失败,使他们的家园被摧毁,也为无数其他人带来无法言喻的痛苦外,他一事无成。希特勒作为演说家的天赋以及激励他人的能力毋庸置疑。但是魅力可以用于善,也可以用于恶。撇开他的个人魅力,希特勒作为领导者的缺点多于他的优点,即使从技术上或职能的角度来谈"出色",他也达不到出色领导者的标准。最重要的是,希特勒的案例告诉我们,没有道德操守和被历史或上帝判定为正义的目标,领导者就无法称得上是伟大的。在这种情况下,希特勒的故事对所有渴望获得领导力的人来说都是一个重要的教训。

■ 圣雄甘地

圣雄甘地发挥领导力的途径是个人榜样和影响力,而不是权力。但他的领导风格是否适用于西方国家?甘地的案例比林肯、戴高乐和希特勒更深刻地揭示出了领导力与文化之间的关联。

长期以来,"文化"(culture)一词主要是西方文明的代名词。在英国,它与阶级有着明确的关联。但是到了18世纪后期,德国作家约翰·赫尔德(Johann Herder)对这个观点提出了质疑。"没有什么比这个词更加不确定了,"他写道,"也没有什么比将它应用于所有国家和时代更具欺骗性了。"赫尔德抨击了一个普遍的假设,即人类社会的自我发展过程以单线性的方式在周围的欧洲文化中蓬勃发展起来。实际上,他对欧洲的文化优越感提出了质疑:

> 世界各个角落的人,这么多年来不断死去,你们活着的目的不是在死后滋养土地,到世界末日时用欧洲文化来证明你们曾经的繁荣。欧洲文化优越的思想是对自然公然的侮辱。

他总结说,人们有必要将"文化"作为一个整体概念,包含不同性质和时期的多种具体文化,以及国内不同社会群体的"亚文化"。

在印度,"领导者"被称为"neta"。从积极的意义上说,它用于指受到尊重甚至敬畏,并且具有个人魅力的人。由于印度独立后,一些政治领导者出现了不端的行为,这个词也被用来嘲讽那些表面上具有领导地位,但未被民众接受的人。在印度,领导力的标准在于以身作则、具有鼓舞人心

09 领导风格

的形象以及追随者对领导者的素质表示认可。

当被问到谁是本国历史上最伟大的领袖时,印度人大多会选择甘地。莫罕达斯·甘地出生于印度西北海岸的博尔本德尔。1887年,年仅18岁的他被送往伦敦,在那里学习了三年法律。在南非担任律师期间,他遭到了严重的种族歧视,发起了一场反对南非种族歧视法律的政治和宗教运动,并于1908年被监禁。1919年返回印度后,他为反对阶级制度发动了"公民不服从"运动。

这个看上去很脆弱的人被一些人所嘲笑,但受到了数百万人的敬仰。他提倡一种简单、非暴力的生活方式。1932年,他发起了"绝食到死"(fast unto death)运动,为印度最底层民众——"贱民"(the Untouchables)争取权利。到了1942年,作为印度国民大会党成员,甘地由于参与了使印度脱离英国统治的运动而被捕。1947年,印度终于获得了地方自治权。在英国移交权力期间,甘地四处奔走,试图在印度教和穆斯林之间创造和平。在79岁高龄时,为了阻止两个教派之间的战争,他曾禁食五天。1948年1月30日,甘地在前往祈祷会的途中被狂热的印度教徒开枪打死,结束了为维护和平、废除暴力而奉献的一生。

这便是甘地的大致经历。通过严格的自我约束,以及在印度底层的劳苦大众当中获得的声望(源于他对这些人的生活方式和理想的认同),他得到了巨大的影响力。他是顶层领导者中唯一穿着穷人的衣服,遵循他们生活方式的领导者。在访英期间,他被称为"赤身裸体的托钵僧"。但没有任何一个同事效仿他的行为,这似乎能体现出贫困群体与当权者的生活方式之间存在的矛盾。

甘地的形象——一个身披棉布的赤脚男子——似乎与英国人理解的领导者格格不入。但是它反映了西方传统中被遗忘的一点——耶稣也赤脚行走(早期阿拉伯文献这样记载),身披未染色的羊毛长袍,并实行独身主义和禁欲主义。

印度将精神生活置于比物质进步甚至生存更高的层面上,而甘地是印度历史上唯一能体现这一点的领导者。为了领导印度,他知道自己必须消除自我。他的灵魂深处对是非也有明确的判断。对英国人来说,这种探索和尊崇相互冲突的价值观的文化形式似乎很陌生,因为这一道德传统根植于印度教众神的传说中,包括创造之神"梵天"、维护之神"毗湿奴"以及毁灭与重生之神"湿婆"。

印度文化的核心是追求真理的精神,即追求一种高于现实的状态。甘地公开地追求这种状态,因而获得了巨大的声望。他始终认为,生活是一种精神追求,而政治活动仅仅是次要的表达形式。他强调在道德上区分对与错(世俗的英国人认为这属于政治问题),在印度乡村引起了强烈的共鸣。在印度村民眼里,生活中充满了善与恶之间无休止的斗争。

甘地在自己信仰之外的其他宗教中寻求精神真理,完全

09 领导风格

符合印度教兼收并蓄的传统，也符合追求精神真理的最高标准。然而，他对超越宗教和教派的普世上帝的寻求也具有政治意义。在独立前后，印度面临的最紧迫问题是印度教和穆斯林之间在信仰上的分歧。甘地寻找共同的上帝或许为国家统一创造了条件，因为在走近同一个上帝的时候，人们也在接近彼此。

最重要的是，甘地希望看到印度的统一。与林肯一样，他认为流血冲突是不可避免的：如果是这样，那就让它发生在印度之内，而不是在分裂的国家之间。甘地的批评者们认为，他在这个方面过于天真和不切实际。他们可能说得没错。有人批评甘地没有尝试在穆斯林领袖穆罕默德·阿里·真纳（Muhammad Ali Jinnah）变得固执之前推翻他，甘地对此表示接受。甘地四处奔走之时，英国在蒙巴顿个人魅力的影响下开始逐渐对印度放手。印度的分裂给了他们退出的理由。

作为政治领袖，甘地不算伟大。他的伟大之处在于他对印度的精神和道德领导。他的力量来自与人民的紧密关系。甘地对印度村民的认同感激励他为恢复传统价值而努力。为了阻止人口继续向人满为患的贫困城市（如加尔各答和孟买）流动，他试图叫停工业化的发展——英国人从印度进口棉花，加工后再将成品卖回印度。在农村经济计划中，甘地呼吁村民将棉花留下来自己加工。作为天生的领导者，他以身作则，每天至少弹一小时棉花。

印度的"贱民"处于社会底层，甚至在国内四个主要社会等级的最底层也没有一席之地，而甘地对他们的态度极为友好。甘地给这些贱民取了个名字："哈里真"（Harijans），意为"上帝的子民"。他不仅清楚地看到种姓制度是印度统一与和谐的最大威胁，甚至采取了明确的行动来表达这个观点。当然，再有影响力的人都无法改变印度社会的这一特征。西方传来的技术、商业和世俗思想或许能完成甘地没能完成的任务（至少在大城市），但是在印度，一切都无法预测。

人们愿意走上几千米去拜访甘地。在印度人眼中，即使远远地瞻仰一位伟人也能给自己增加福禄。人们也想触摸甘地，从而直接感受到他的美德，就像信众伸出手想要触摸耶稣一样。人们愿意俯首触摸甘地或耶稣的脚或衣摆，通过尽量贴近地面来表达自己的谦卑。

这位"巴普"（Bapu，意为"父亲"）身边的很多朋友或门徒，以及熟悉他的人仍然对这位迷人而友好的人身上散发的光环和严格的自我约束历历在目。许多人每天还在按照甘地指导的方式纺纱，这是他通过以身作则提倡自给自足的一个典型案例。

甘地的继任者贾瓦哈拉尔·尼赫鲁（Jawaharlal Nehru）与他完全不同。虽然也具有个人魅力，但他在很多方面是

09 领导风格

一位西方化的政治家,既不像甘地一样与基层民众保持密切联系,也不具有道德优势。总理英迪拉·甘地(Indira Gandhi,虽然与甘地同姓,但两人没有血缘关系)非常了解甘地,并在此基础上获得了某些政治力量。她赞同与民众保持密切关系的必要性。印度需要能够将新旧价值观中最宝贵的东西结合起来的领导者,沿着甘地引领的精神之路继续走下去。

> **平等的天赋**
>
> 平等地对待实力远低于自己的人,可以让自己重新获得被命运剥夺的平等的天赋……
>
> ——西蒙娜·薇依(法国哲学家)

■ 纳尔逊·曼德拉

作为一个深陷危机的大国,南非在纳尔逊·曼德拉(Nelson Mandela)身上看到了伟大政治家所具备的特质。他拥有克服看似不可逾越的障碍的勇气,彻底消除种族隔离的决心,以及最重要的是,坚持不懈地实现祖国和平的努力。

纳尔逊·曼德拉具备作为领导者的诸多品质，例如对人类的信心——"我是个乐观主义者"——耐心和宽容，强烈的正义感以及对同志毫不动摇的忠诚。他还具备另外两种品质：精神力量和宽厚大度。

> **曼德拉的早期生活**
>
> 　　这位精神领袖出生于1918年，是现在名义上独立的特兰斯凯地区科萨族（第二大部落，仅次于祖鲁）族长的长子。接受过律师培训后，他于1944年加入非洲国民大会，并在20世纪50年代担任国会反对种族隔离的非暴力运动的负责人。
>
> 　　1960年，警察在夏普维尔杀死了69名手无寸铁的黑人抗议者，导致曼德拉和国会其他领导人逐渐放弃了和平变革的希望。1961年，他们组建了国民大会武装组织"民族之矛"。
>
> 　　曼德拉逃避了逮捕，并得到了"黑色海绿花"（The Black Pimpernel）的称号，直到1962年8月因煽动罪和非法离境而被判入狱五年。1963年，他与其他地下领导者一道再次受审，并于1964年因蓄意破坏（他公开认罪）被判终身监禁。
>
> 　　曼德拉在审判中谈到了"理想的社会是民主自由的，其中所有人和谐相处，享受平等的机会。这是我毕生追求的理想，如果有必要，我也愿意为之而死"。

09 领导风格

曼德拉在条件恶劣的南非罗本岛监狱开始漫长的服刑时，决心不让这种经历使自己失去作为一个人的基本尊严：

> 就其本身而言，它确保我会继续活下去，任何企图剥夺我的尊严的人或机构都将失败，因为为了维护尊严，我会不惜一切代价或承受任何压力。我从未认真考虑过自己永远不会从监狱出来的可能性。我也从没想过无期徒刑真的需要毕生服刑，我会死在狱中。也许我否认这种可能性，因为它实在令人不愉快。但是我一直都知道，总有一天，我会再次作为自由之人踏上草坪，走在阳光下。

陪伴曼德拉长达20年的狱卒詹姆斯·格雷戈里（James Gregory）写了一本书，介绍这位后来与他成为朋友的囚犯。刚到监狱时，他与曼德拉的第一次见面有些戏剧性，当时曼德拉正顶着烈日，在条件艰苦、令人闻风丧胆的罗本岛采石场劳动。在这里，狱警会殴打和虐待囚犯，甚至放狗咬他们。格雷戈里正是在这里看到了曼德拉，身材高大的他穿着监狱发放的短裤和凉鞋，"他的后背挺得很直，肩膀宽大"，在一群囚犯中间，用格雷戈里的话说，身上散发出"我是领袖，你吓不倒我"的气场。曼德拉用坚定的语气对格雷戈里问早安，并对他说："欢迎来到罗本岛。"格雷戈里则用曼德拉长大后从来没说过的祖鲁语向他问好,这种表达尊重的方式令曼德拉惊喜万分。

这两个人逐渐成了朋友。曼德拉的儿子在一场交通事故中丧生时,当时还年轻的格雷戈里向他提供了力所能及的帮助。大约20年后,格雷戈里的儿子在相同的年龄也死于车祸,曼德拉坚持数星期每天与格雷戈里聊天,将他从绝望甚至自杀的倾向中拯救了出来。曼德拉向这位已经认识23年的狱卒告别时,含泪拥抱了他。他在一份笔记中写道:"我们在一起度过的20多年的美好时光结束了,但你永远都在我的心里。"

狱中"漫长、孤独、浪费的岁月"结束后,曼德拉展现出了难得的宽厚(magnanimity,这个拉丁语单词直译为"伟大的精神")。对于希腊人和罗马人来说,这是伟大领袖的显著标志。宽厚源于自重,表现为面对困难或逆境时的大度和冷静。

像纳尔逊·曼德拉这样宽厚的领导者不拘小节,甚至会直面他人合理的批评。想想他都经历了些什么。那些年,他的孩子们遭受了精神创伤,他的第一任妻子伊芙琳难以接受他加入非洲国民大会,他也没能向母亲或儿子道别。此外,政府也对他的家人进行残酷的迫害。他说:"家人和孩子正在遭到迫害,而我却无助地被关在监狱里,那是我最痛苦的一次经历……妻子一次次被辞退,孩子从有色人种学校被驱逐出来,警察在午夜闯入我的房子,甚至骚扰我的妻子。"

然而,他从来没有因白人社区带给他的折磨而感到痛苦,只是对白人强加的制度表示反对。获释后,他呼吁黑人表现出宽容。在当选总统那天(1994年4月27日),他在演讲中提到有必要给予作为少数群体的白人"信心与安全"。

多年前,律师珀西·尤塔尔(Percy Yutar)带头审判曼德拉,导致他入狱,而曼德拉见到这位曾经的敌人时,仍然微笑着将手臂放在他纤细的肩膀上,表示一切都过去了。那次见面后,尤塔尔形容这位总统为"圣人"。曼德拉还邀请狱卒詹姆斯·格雷戈里和家人参加他的总统就职典礼,所有见到他的人都能感受到他天生的威严和魅力,他脸上总是挂着胜利的微笑。不论年龄或地位,他对任何人都有礼貌和耐心。他始终保持平易近人的态度,面对工人和国家元首同样热情周到。

正是这种宽厚的精神使纳尔逊·曼德拉成为自甘地以来全球最伟大的道德领袖之一。在一个政治道德经常被剥夺的时代,他的精神境界尤为突出。

或许,他最大的成就是向世界展示了真正伟大的领导者的模样。

◼ 本章要点：领导风格

⬤ 名垂青史的伟大领导者需要满足三个要求：一个伟大的国家、一个紧迫的理由和一个具有天生领导才能的人。

⬤ 领导风格有很多种，与个人素质、国家和文化有关。不同的领导风格都可以为人民提供强有力的指导。

⬤ 亚伯拉罕·林肯、伊丽莎白一世和戴高乐的事迹表明，伟大的领导者具有配得上领导地位的精神和品格。

⬤ 但是某些领导风格（例如希特勒）存在致命缺陷。品德恶劣的领导者主要通过恐吓手段来管理人民，并将他们带上腐败和毁灭的道路，最终将失去所有人的信任，只剩下极少数狂热的追随者。罗马历史学家利维写道："如果失去信任，人类的所有社会交往都将化为乌有。"

⬤ 甘地的事迹体现了领导者与人民保持亲密关系，彰显伟大精神的重要性。谦卑，即平等地对待每一个人，是领导者的一个重要品质。

⬤ 纳尔逊·曼德拉向世人展示了一种伟大而勇敢的精神、高尚的情感和宽广的胸怀。这种精神使领导

09 领导风格

者能够镇定地解决问题、应对他人的排挤和报复,并为崇高的目标做出牺牲。它还可以改变一个国家的氛围。

罗马证明了自己是个伟大的国家,因此配得上伟大的领袖。

——普鲁塔克(希腊历史学家)

10

未来的领导者

> 手持着火炬的人要将火炬传给其他人。
>
> ——柏拉图（希腊哲学家）

近年来，全世界对于优秀领导者的重要性的认识几乎已经达成共识。目前，已有很多专门为培养现在和未来的领导者而设计的教育和培训项目。为什么会这样呢？

主要原因在于价值观的稳定而深刻的变化，就像大陆板块的运动一样产生了全球性的影响，在不同程度上动摇了所有国家的文化。古典和经典文献中，针对个人提出的崇高价值让人们对教育有了更高的重视。男人和女人天生就是自由和平等的。作为个人，我们本身就是领导的目标，而非实现目标的手段。每个人的独特价值越来越受到重视，平等主义也不断兴起。

对个人平等的认同是否会削弱对领导者的需求？正好相反，事实证明，民主社会需要良好的领导力，领导者可以帮助自由平等的人们有效地完成必要的工作。该原则适用于民主社会中的每一个组织和机构。中国儒家的荀子曾言:"处在近处不会隐藏自己的能力,处在远处不会因工作劳累而发牢骚……这才是所谓的'领导者'和人民的老师。"[1]

> **部落传统**
>
> 罗马人在英国建立的大约30个部落都有自己的领导传统,与欧洲大陆西北部国家相同。罗马历史学家塔西佗清楚地介绍了这些传统的组织结构。"在小事上,酋长之间相互协商;关于大事,所有人共同协商。但即使需要所有人参与决定的问题,酋长们也会充分考虑。"他写道。部落的集会没有固定的时间,将所有人召集在一起可能需要两到三天。所有参会者要全副武装。祭司要求大家安静后,首先在辩论中发言的是国王、酋长或其他一些有智慧的长者。投票以大声说出来和鼓掌的形式进行。
>
> 综观人类历史,世界各地的部落都不受不必要的等级制度的约束,享有自由、平等和对优秀领导的尊重。例如,维多利亚时代的作家安妮·布朗特夫人(Lady

---

[1] 这句话引自《荀子·王制》,原文为:"四海之内若一家,故近者不隐其能,远者不疾其劳,无幽闲隐僻之国,莫不趋使而安乐之。夫是之为人师。是王者之法也。"——译者注

Anne Blunt）在《幼发拉底河的贝都因部落》一书中提到，贝都因部落代表着"世界上最纯粹的民主形式"。另一个专门研究贝都因部落的权威人士——威尔弗雷德·塞西格（Wilfred Thesiger）描述了部落首领的作用：

> 贝都族酋长身边没有专人执行他的命令。在每个人都崇尚独立并坚决抵制独裁的社会中，他只是众多平等之人中的一员。因此，他的权威取决于他自己的人格和他对待别人的方式。
>
> ——《阿拉伯沙地》（1959）

在早期版本的亚瑟王传说中，他那张"有魔力的桌子"是由一位手巧的康沃尔木匠根据他的命令制作的。与在平台上放置一张高桌子的传统的贵族礼堂不同，坐在圆桌周围的每个人都是平等的。圆桌旁没有领头的位置，所以大家不会因为争夺靠前的座位而争吵，人们表现出相互尊重和大度。它象征着英国的部落传统，即领导者只是"一群地位平等的人中权力最大的人"。

但是，领导力可以通过培训获得吗？本书得出了一个常识性结论：领导潜能是可以开发的，但它首先必须存在。大多数人都有一定的领导天赋。在这方面，学习领导力和学习

10 未来的领导者

游泳是相似的。大多数人都能学会游泳,但是很少有人能达到奥林匹克标准成为顶尖的游泳者。

前文引用了斯利姆勋爵的一句话:"每个人都可以通过一点思考和实践极大地提高领导能力。"这似乎有些夸张,但年轻人尤其需要同时代伟大的领导者给予鼓励。对于很多具有领导潜能的人来说,这种潜能往往只在危机时期才会出现,例如战争。然而,动荡的和平年代所呈现的问题和机遇比以往更需要领导。

> **领导力导师**
>
> "导师"(mentor)一词源自希腊语。英雄奥德修斯离开伊塔卡岛时,他将儿子特勒马科斯委托给岛上一个名叫"门特"(Mentor)的老朋友。雅典娜女神不止一次地扮作门特的样子,帮助特勒马科斯克服他父亲不在伊塔卡岛期间遭受的种种险境。在门特的指导下,不谙世事的年轻人最终成了一位经验丰富的领袖。
>
> 特勒马科斯最初是一个善良而听话的孩子,但不够活泼,也缺乏动力;他很胆小,没有进取心。后来,雅典娜通过门特指导他将母亲专横的求婚者们赶走。当这些人拒绝时,特勒马科斯在门特的带领下决定航行到大陆,向父亲汇报这一灾难性的事件。随着故事的发展,特勒马科斯愈加坚定、活泼和足智多谋。在奥德修斯重

高效领导大师班 EFFECTIVE LEADERSHIP MASTERCLASS

全球传奇管理者传授成功的秘诀

> 返伊塔卡岛时，特勒马科斯加入了他的行列，这时聪明而积极向上的特勒马科斯已经成为父亲的好帮手。例如，他亲自挂帅，带人打败了强大的求婚者们，令母亲佩涅洛佩惊喜万分。
>
> 这个希腊神话体现了关于领导力的真理：领导者有鼓舞人心的能力。首先，他要激励自己。导师既可以激发人们的领导才能，又可以帮助领导者实现个人发展。同时，导师能够以身作则，且言行一致。

领导力更多要靠自己感悟。优秀领导者的案例在我们体内激发了领导精神，而我们又有责任将火炬传递给那些准备好接受它的人。未来的领导者需要具备当今多数领导者都不具备的特征。本书以史为鉴，通过历代领导者的事迹为未来的领导者提供指导，并指明新的方向。

是伙伴，不是追随者

然而，作为一个概念，领导力背后存在一个值得推敲的假设，有如被琥珀困住的虫子。从字面上看，"领导者"身后应该还有"追随者"。"领导力"有一层隐含意思：在前

10 未来的领导者

进的道路或旅程中为他人指明方向，这个画面中的确少不了追随者。实际上，领导者的定义就是"有人追随的人"。绵羊天生喜欢跟在头羊的身后，因此领导起来很容易。人类也倾向于追随领导者，但是更为理性，在跟风之前会进行判断。亚历山大大帝发现，希腊人过于理性，自己无法领导他们。有辨别能力、意志坚定的同事与优秀的领导者一样重要。

如今，受过教育、才华出众的人不愿意追随别人。德国人错误地追随一个善于蛊惑人心的领导者，而产生了灾难性的后果。如今，优秀的领导者往往将其他人视为同事或伙伴，而不是追随者。

当然，随着领导力水平的提高，很多同事将凭借自身的能力成为领导者。除了道家学说之外，西方传统中还有一些例子证明领导者如何将下属或追随者转变为平等的伙伴。"我不再称呼你们为仆人，因为仆人（或奴隶）不知道他的主人在做什么……"耶稣对各位门徒说，"我称你们为朋友，因为你们都了解我。"纳尔逊将他手下的舰长们称为"兄弟团"，并将他们当作兄弟来对待。真正的领导者想要与人平等，而不是将别人作为下属。

> **将领导者作为第一伙伴**
>
> 约翰·亨特（John Hunt）率领英国探险队于1953年首次登上珠穆朗玛峰。下面的话摘自他在1959年发表的题为《现代领导力》的演讲。
>
> "首先，我想介绍一下我对领导力的定义，它是发挥引领作用的人所具备的能力。对我而言，领导力是激励他人尽其所能的艺术，以及利用这种艺术的勇气。这就是我对领导力的理解：它要求领导者在团队内部开展工作，而不是高高在上；他能够以身作则，但不会削弱其他人的主动性；换句话说，他会不遗余力地开展本职工作，但不会超出自己的职责范围。这意味着他不仅要擅长委派工作，还能让每个人感觉自己的工作同样重要，让他们有自由发挥的空间和承担责任的意愿。
>
> "良好的领导力源于对领导工作的正确态度，这只是其中的一项工作。领导者应该成为'第一伙伴'。当然，这是将有关各方的努力结合在一起，从而产生整体效果的艺术。"

接受伟大

莎士比亚曾写道："不要害怕伟大。"与莎士比亚时代

10 未来的领导者

相比,现在有更多人可以在领导力中成就一番伟大的事业。当然,历史上的政治伟人仅限于极少数人,因为它不仅取决于一个人的领导天赋,还取决于他在一个非常时期对一个伟大国家的领导能力。但是,更多的政治家将成为一国领袖,甚至全球领导者,因为他们能够超越政党和国家利益,从更高的角度为全世界着想,并培养朝着这个方向发展所需的领导技能。"特权阶层的领导力早已消逝,但它尚未被杰出的人所继承,"温斯顿·丘吉尔在《当代伟人》一书中写道,"尽管如此,世界仍在不断发展,而且速度如此之快,几乎没人有空思考——去向何方?"在政治家越来越关注短期问题的时代,丘吉尔的话仍然很受用。

■ 领导者,不是统治者

荷兰著名的历史学家约翰·惠辛加(John Huizinga)在《十七世纪的荷兰文明》(1968)关于"荷兰的精神"的一章中总结道:

> 权威,要对它有正确的理解——权威不是基于蛮力,而是基于它本身对最高法律的服从,并受从中汲取灵感的法律原则的约束。

领导力的前提在于领导者是向导，而不是独裁者。我们不希望像勃鲁盖尔用陷阱困住的盲人，或被铁链拴住的熊一样被领导。我们的领导者必须是拥有更高智慧、放眼长远的人，就像是众星指引下的舵手。

保持信任、指明道路、关心和引领他人，这些都是古老的美德，圣奥古斯丁依据它们将真正的政治领导与对权力和统治的邪恶追求区分开来。认识到正义的指引和人类局限性的政治思维一定会回到舵手的形象上，了解自己脆弱之处的他们在暴风雨中能够平稳地握着船舵，有如纤弱的牧羊人谦卑地照看着羊群。一位诗人曾经说过，如果没有劳动者，就不会有荷兰的民族和国家了：

"虽然要分离，但牧羊人将无法入睡。"（摘自荷兰国歌）

联合国秘书长达格·哈马舍尔德身上具备了未来的政治领袖所应具备的领导才能。他是前任瑞典首相的儿子，于1953年加入联合国，并一直担任秘书长，直到1958年在解决刚果危机的途中因飞机失事而去世。在他死后，关于他的一本题为《一生的印记》（Markings）的作品出版。书名来自瑞典语中的"Vagmarken"，意为山间小路旁的路标或石堆。达格·哈马舍尔德的一个"印记"凸显了本书的一个核

10 未来的领导者

心主题。有天晚上,他在独处时写道:"职位永远不会赋予你发号指令的权力。它只是给了你一种生活方式,让别人在接受你的命令时不至于难堪。"

各个层次和领域的领导者都可以并且应该追求这一理想,因为这是唯一一种可以在自由和平等的人们当中长期有效的领导力。

因此,如今"伟大"更多与质量有关,与程度无关。企业主管、医院护士、大学系主任、学校教师、首席执行官或政府官员都有机会成为伟大的领导者。正是这种"普通"岗位上的伟大才能帮助国家在精神和道德意义上实现真正的伟大。

和平时期与战争时期一样,也需要伟人。实现和平的第一步始终是愿意承担责任。丘吉尔写道:"伟大的代价是责任。"地位是次要的。的确,位居要职的领导者应该发挥领导作用,并接受相关培训,但是职位较低的人——甚至没有职位的人——在团队中也能在一定程度上发挥出色的领导力。因攀登珠峰而闻名的亨特勋爵清楚地表明了这一点:"从真正的意义上讲,领导力应该意味着以身作则,即使没有崇高的地位。真正的领导力仅仅是人类伟大之处的体现。很多出色的领导案例都是没有身居要职,也没有很大名气的人,但他们让人觉得安全、放心,与人建立深厚的情谊,并能够坚守良知。"

高效领导大师班 EFFECTIVE LEADERSHIP MASTER CLASS
全球传奇管理者传授成功的秘诀

人类的伟大之处在于能够超越自己，服务于更大的价值。任何人都有过伟大的时刻，都曾在困难面前挺身而出。的确，我们需要能激发出我们作为领导者的潜力的场合，所有领导者都可以为这种场合提前做好准备，而我们也不缺少机会。正如美国诗人沃尔特·惠特曼（Walt Whitman）所写："从本质上讲，任何成功的果实都会催生出进一步斗争的必要性。"

本章要点：未来的领导者

◉ 领导者应该将自己和他人置于平等的地位，并依靠知识和人格权威赢得尊重，这需要相当高的自信。如果你有自信，人们很快会感知到，他们会感知到领导者是否能指引前进的方向并带领他们前行。

◉ 领导力有团队、运营、战略、国家和全球五个层次。本书中的理念适用于所有层次，它超越了肤色、种族、性别、时间和空间。为什么？因为人的潜在本性大致是相同的。

◉ 人们自由和平等时，领导力才能发挥作用。领导者不创造追随者，只收获合作伙伴。

◉ 一位管理者在年度报告中说："史密斯没有领导

10 未来的领导者

天赋。"但是,只要具备领导天赋(具备这种天赋的人比我们想象的要多),每个人都能培养出领导能力。然而,未来对于领导力有一种新的质量标准。过去只有个别相当优秀的天生的领导者才具备,现在的世界需要更多符合新标准的领导者。你会是其中的一位吗?

◉ 曾经有人问作家格雷厄姆·格林(Graham Greene),他是否认为自己是一位伟大的小说家。"算不上伟大,"他回答,"但应该是最优秀的小说家之一。"虽然大部分领导者都不具备领导力中要求的"个人的伟大",这具体取决于当前的形势是否能激发出领导者的天赋,但你仍然可以并应该努力成为"最优秀的人之一"。

◉ 真正的卓越与谦卑是相辅相成的,谦卑是领导者难得的品质。谦卑既包括正确看待自己,也包括接受更多关于优秀领导力的知识。

领导的职责不是将伟大注入给他人,而是激发出他们身上早已存在的伟大。

——约翰·巴肯(苏格兰作家)
